生命，
　因家庭而大好！

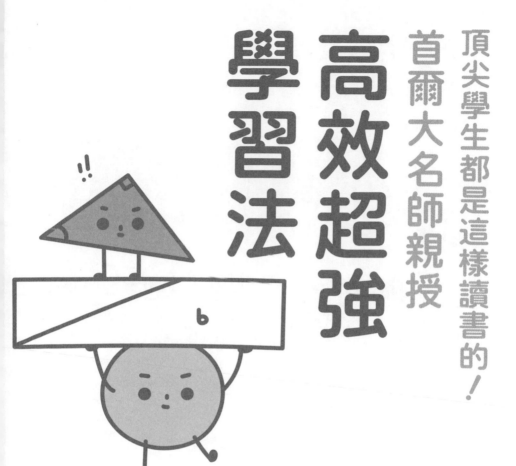

頂尖學生都是這樣讀書的！

首爾大名師親授

高效超強學習法

이런 공부법은 처음이야: 내 인생 최고의 공부는 오늘부터 시작된다

신종호
申宗昊——著

陳曉菁——譯

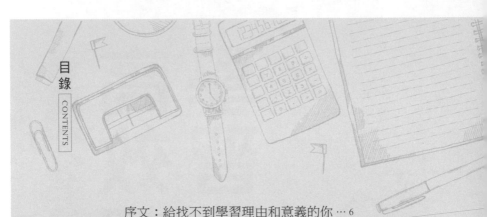

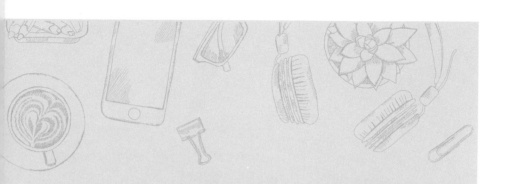

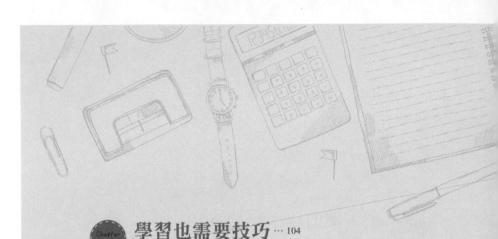

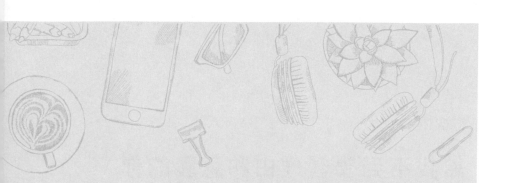

給找不到學習理由和意義的你

　　學習，是世界上所有學生的煩惱，無論成績好壞都擺脫不了。我大學時期主修「學習心理學」，對於孩子在學習過程中感受到的成就感、不安及競爭等各種心理現象十分感興趣。研究、講授高效自我管理與學習策略等自主學習的內容，則是我的專長。更因為我是一名學習專家，所以樂於分享有關學習的一切。

　　我在大學任教了20年以上，並且持續進行「學習」相關的研究。之所以會開始與家長和學生交流，則是始於個人原因，這個契機正是我的兩名兒子。在撫養孩子的過程中，我產生了把至今做過的研究和課程內容應用到孩子身上的想法，同時將這些內容也分享給其他的家長和學生。懷抱著這樣的理念，我從大學講堂走向了社會大眾。

在大學講堂之外，我透過參與許多節目和演講的機會，見到了各式各樣的家長和學生。與他們見面交流後，我發現大家談論的都不是積極的學習經驗，而是圍繞在學習的困難和苦惱。學生吐露著煩惱說：「不知道自己為何要念書？」家長則擔憂著說：「我的孩子不願意自動自發學習，該怎麼辦才好？」

我想，很多人應該都有類似的煩惱，但是這個煩惱並不容易解決，因為它不但涉及心理問題，也與學習方法有關。不過，有一點卻很明確，就是如果無法解決這個問題，那麼不管是學習過程或結果都會不如預期，最終還會在孩子和父母心中留下巨大的挫折感和失敗感。

尋找人生中最好的學習方法

那麼該怎麼做才好呢？答案是必須找到核心始於「整頓學習心態」的高效學習方法。因為唯有堅定「學習心態」，才能擁有克服困難的力量。從學習心態產生的力量，可以將有效的學習方法和生活習慣轉變為自己的一部分。相反地，若是意志不堅，只要稍微感到疲倦或失望，就容易立刻棄械投降。

學習心態究竟要如何培養呢？首先必須找出「為何要學習」的

答案。因為比起考試分數與全校排名，找出這個問題的答案才是關鍵。你是否願意跟我一起思考一下呢？

雖然聽起來像老生常談，但我認為，學習是「為了自己想做的事而做的準備」，是一種明確的目標導向行為。如果沒有「今後想要實現的夢想」，那麼學習只是阻礙「現在想做的事」的無聊行為。所以，我們應該以自己喜歡也擅長的事情作為基礎，進一步打造自己的夢想，這才是有效學習的出發點。

當然，目前的你可能還不曉得自己具體的夢想是什麼，或者因為充滿了好奇心，所以處於夢想不斷改變的情況。這都沒關係，等你結交各路朋友、歷經校園生活與學習的過程後，有朝一日你就會產生「想從事這個工作」或「想過這種生活」的念頭。藉由嘗試各式各樣的經驗，努力去尋找自己的道路也是一種很好的方法。如此一來，夢想總有一天會出現在你面前。

一旦夢想具體呈現，你就會產生實現夢想的熱情。而學習的作用，正是為了培養思考的力量與經驗，為實現將來的夢想打下穩固的基礎。因此，各位切莫心急，為了迎接即將到來的夢想，努力去吸收眼前的課業，就是一個很棒的作為。

為了戰勝他人的學習是不堪一擊的

提到學習心態，必須特別闡明一點：藉由在考試中擊敗所有同學，以好成績獲得他人的認同，這並不是建立良好學習心態的特效藥。可能會有人提出質疑：「出現競爭對手，不是更有學習的動力嗎？」或許短期內確實如此，但考慮到競爭的心理特性，就會知道這種效果無法持久。

在競爭中，我們無法完全掌控所有對手與狀況。也就是說，就算競爭對手為了考試挑燈夜戰，我們也沒辦法阻攔。在這種狀況下，內心會變得極度不安，尤其是好勝心加劇的時候，即使是一次失敗也會帶來巨大的挫折感。持續處於不安和挫折的狀態，會讓人無法集中精力學習。然而每個人都可能面臨失敗，一旦遇上了就容易因為「我做不到」、「我不行」等自我否定而陷入無力感之中，甚至無法重新振作起來。因此，比起「競爭」心態，「成就感」更重要，因為它可以讓我們產生動力，一步步接近自己的目標。

用聰明的方法培養學習心態

　　想培養堅強的學習心態，就必須將有效的學習方法視為武器，讓學習之路如虎添翼。為了取得優異的成果，你需要擁有選用良好工具的智慧。不過，這裡指的「智慧」，並不是單純談論「該怎麼做」（how）的方法，而是從「為什麼這麼做」（why）出發，並且在真正「理解」後，將學到的內容變成自己的。

　　人們對學習有很多誤解，其一就是相信「只要努力就可以獲得成功」；還有人說學習就是一場「屁股戰爭」，比誰坐得久。就算把自己黏在椅子上，想在有限時間裡將書中知識有效吸收，還是需要一些學習的訣竅。以作文為例，難道只要長時間坐在書桌前，就一定可以寫出精彩絕倫的文章嗎？這麼做就能提高寫作能力嗎？從經驗中我們可以得知，答案是否定的。當然，寫作確實需要投入大量時間，但現實中並沒有無限的時間可以揮霍。我們必須學會在有限的時間內寫出最佳文章，如此才能獲得良好的成績。所以，懂得寫作方法的人，勢必比沒有學過方法的人更有效率、成果也更好。

　　以專業研究為基礎而提出「一萬個小時法則」的安德斯・艾瑞克森（Anders Ericsson），特別強調一個論點：並非單純地投入

一萬個小時，就代表所有人都能成為專家。也就是說，在這一萬個小時之內，不是機械式的反覆練習，而是要有意識且有系統的練習，才可能成為該領域的專家。因此，即使投入相同時間，根據不同的練習方法也會產生不同的結果。

明白什麼是良好的學習方法，並且了解它的優異之處是非常重要的。雖然很難用一句話來定義何謂好的學習方法，但我認為若能將所學內容深度理解，並將理解後的內容依個人方式做系統性的整理，就可以稱作良好的學習方法。

讓每個人都幸福的學習心態

我希望藉由這本書，幫助被沉重課業壓到喘不過氣的學生，讓他們找到有效的學習方法，以及能夠靈活運用的能力。這本書的目的不是想把莘莘學子變成讀書機器，而是幫助學生自行判斷並決定「為什麼」要學習，以及「為什麼」要採用某個學習方法，進而學會自主學習。

如果對於「為什麼要學習」這個提問沒有自己的想法，那麼即使把全天下最好的學習方法告訴你，你也很難把它變成自己的東西。假使能透過這本書找到「為什麼要學習」的答案，那麼你將

在學習過程中感受到更多的意義和快樂。就這個層面來說，把本書改名為「尋找學習之道」也是成立的。

我很高興能在這本書裡，完整講述兩名兒子在成長過程中對學習所抱持的正確想法和習慣，真心希望所有讀者也可以成為主導自己人生的掌舵者。如果這本書可以讓大家產生「我是能夠感受、思考以及腳踏實地達成夢想的自律人」這種自豪感，並且讓這種想法在心中深深扎根，那麼我也算是「物盡其用，人盡其才」了。

2023 年 2 月
申宗昊

Chapter 1

既然學習
是一件無法逃避的事

點燃學習熱情

比起想著如何考好眼前的期中考和期末考，
你更應該思考自己想過什麼樣的生活、你的
夢想是什麼以及你想實現什麼。

就算沒有天分也能把書讀好

對學習的普遍誤解

你聽過這樣的對話內容嗎？

「擅長學習的人是因為腦袋聰明。」
「讀書全靠基因決定。」

很多人經常把這樣的話掛在嘴邊，認為腦袋靈光的人擅長念書、聰明的頭腦是與生俱來的，他們覺得腦筋不好的人再怎麼努力也無法獲得好成績。但事實真的是如此嗎？從出生的那一刻就決定了某個人是否擅長學習？在找出這個問題的答案之前，請試

著先從下列選項中選出你認同的意見。

　A：學習是將每個人與生俱來的能力發揮到最大值。

　B：只要努力的話，誰都能取得優異的成績。

　擁有廣泛的知識，並且懂得如何應用的能力稱為「智力」。這種智力能夠開發嗎？還是已經固定了？如果你的答案是A，就代表你認為「智力是固定的」；若你選擇B，則你認為「智力是可以開發的」。

　站在A立場上的人們相信智力（智能）不會改變，會維持在某個特定的水準，因此他們會在自己的能力範圍內努力，期望獲得他人給予的正面評價。

　這樣的人會做出什麼行為呢？首先就是盡量避免得到負面評價。所以，他們會透過與他人的比較，例如與同儕一較高下，或是在班級考試中爭取第一名等等，來決定自己的目標。因為他們相信智力是固定的，所以只會選擇自己有把握的項目。

　這類型的孩子在學習上，比起提高自身實力，他們更重視最後的分數。由於總是習慣打安全牌，因此他們與「真正的學習」相距甚遠。

改變心態，學習也會隨之改變

相反地，站在B立場的人們相信智力可以變化，並且會隨著不斷的努力而向上提升。如此一來，他們就不會為目標與成果設限，面對新事物也會抱持好奇心一探究竟。他們學習並不是要表現給別人看，而是帶著「這個到底是什麼」的探索欲望來進行深度學習。

「我會努力完成這次的功課，一定不會讓大家感到失望。」

「這次考試，我想要考得比上次更好。」

像這樣只考慮是否對自身學習有幫助，你就會選擇較為困難的課題來挑戰，而不是透過和他人比較來設定目標。這樣的人傾向以超越自己當作目標，並且更重視學習的過程。此外，對於深度學習及培養自身實力的學習，也都十分感興趣。

看到這裡，你有什麼想法？上述內容是否讓你回想起，自己是抱持什麼樣的信念與學習方式？想必你已經明白，你對學習的信念足以決定你的學習態度，進而影響到學習成果。

以長遠的眼光來看，你的人生取決於你對智力抱持著什麼樣的思維模式。也許有人認為這種說法過於武斷，但已經有學者用科

學的方式給了我們最好的解釋，這位學者正是下一篇要講到的史
丹佛大學心理學教授卡蘿・德威克（Carol S. Dweck）。

自動自發的學習心態

因為可能性而凝聚的存在

　　史丹佛大學心理學教授卡蘿‧德威克特別強調「你所選擇的思維模式」，因為這攸關到你能否成為自己想成為的人，以及是否可以實現自我目標。她以「成長心態」與「定型心態」的概念來說明。

　　「成長心態」是以當下的自己作為出發點，相信自己可以藉由努力、策略或他人的幫助獲得成長。反之，「定型心態」則是秉持著人的資質絕對無法改變或發展的態度。

　　因此，擁有「成長心態」的人會把焦點放在可能性之上，只要透過熱情、努力和訓練，不管是誰都可以獲得自己想要的美好人

生。抱持這種心態的人，不在意他人的眼光，也不害怕別人的視線，他們只關注自己的價值和目標。總是不畏懼挑戰，因為他們相信能夠藉由挑戰培養自身能力。試想一下，這樣的人會有什麼樣的人生呢？比起害怕失敗，他們更相信挑戰所帶來的可能性，因此整個人洋溢著自信，擁有對任何事都願意嘗試的積極態度。

　　當他們面臨失敗時，重新振作起來的速度也比別人快，因為他們認為失敗並不意味著自己擁有的能力和可能性會消失，反而堅信這次的失敗會成為將來成功的墊腳石。或許因為他們相信自身的成長取決於自己，所以總是能保持勇往直前的態度。

　　然而，處於「定型心態」的人老是害怕挑戰和失敗。他們認為挑戰與失敗會暴露自己的不足，並且會因為他人的指責而貶低自身價值。抱持著定型心態的人，認為自己的不足之處是無法彌補的，所以從一開始就拒絕挑戰。他們覺得不管再怎麼努力也改不掉自身缺點，因此比起改變，反而想著如何去掩蓋。即使鼓起勇氣接受挑戰，也會因為失敗產生的巨大挫折而崩潰。

　　究竟哪一種人，可以在遙遠的將來成為更有成就的人呢？想必大家心中已經有明確的答案了。

喚醒潛在的學習能力

請容我再次強調，每個人都能變得擅長學習，只要按照自己的方式，努力去學習適合自己的東西即可。請不要抱持著消極懦弱的想法，因為你還不知道自己擁有多強大的能力，更不曉得能發揮到什麼程度。挖掘和發揚自身的能力，是每個人的責任。

「只有少數人擅長學習，我已經沒救了。」
「我天生就不擅長讀書，這是一出生就決定好的事。」

如果你還執著於這樣的想法，現在就把它拋到天邊吧！請反省一下，這是不是不想學習而找的藉口呢？

「智力可以透過努力變得截然不同，為了改變智力，就必須接受挑戰並且付出努力。」

唯有抱持這種信念，才能對學習的過程與結果發揮正面影響。心態決定態度，態度則決定了你的一生，這點請銘記在心。

找到學習的真正意義

你找不到學習的理由嗎？

即使抱持著「人人都能提高智力」的信念努力學習，偶爾還是會冒出「到底為什麼要如此拚命學習」的念頭。的確，學習不是一件簡單的事情，容易因為過於艱辛而痛苦不已，甚至得投入大量的時間。但是，為何我們從小開始就必須接觸這麼困難的任務呢？請大家思考一下。

每個人學習的理由都不一樣。有人是為了得到好成績，考上頂尖大學；有人是為了日後能日進斗金；也有人是為了找到理想的工作而學習。沒錯，學習正是為了達到某個目的——為了過上自己想要的生活，我們必須利用更高明的「手段」來學習。

通常我們將這種行為稱作「實現夢想」。當然，「夢想」不一定與「職業」劃上等號。雖然當別人問起「你的夢想是什麼」時，我們總是會回答成為醫師、老師、農夫、演藝人員或木匠等，但夢想並不拘限於這種具體的職業，所有期望的事情都能成為夢想。

「我想成為能助他人的人。」
「我的夢想是能夠到處旅行。」
「我想當一個愛惜大自然、讓世界變得更美好的人。」

學習，是實現各種理想與目標的必要手段。

想要學習成效好，首先必須有明確的「目標意識」。唯有目標明確，你才能感受到學習的必要性。比起只想著如何考好眼前的期中、期末考，你更應該思考自己想過什麼樣的生活、你的夢想是什麼，以及你想實現什麼，設定好目標才是首要之務。

有目標的人才能樂於學習

是否擁有明確目標，從執行結果就可以看出迥然不同的差異。研究「目標理論」的美國心理學家艾德溫・洛克（Edwin Locke）

是這麼說的：

「擁有明確目標或挑戰性目標的人，不僅能獲取更高的成就，在實現目標的過程中也會感受到更多的快樂。」

換句話說，擁有目標意識對「結果」與追求目標的「過程」都會產生正向影響。因此，有人生目標和理想的人，總是人群裡最亮眼的存在。

你有沒有聽過「戈達德」的故事呢？戈達德在15歲時，就為自己制定了人生中一定要實現的127個目標。不過，他立定的目標中，有許多項目讓人懷疑「這樣也算目標」或「這種目標怎麼可能會實現」等荒誕不經的內容，像是：到埃及的尼羅河與南美洲的亞馬遜河探險、學習駕駛飛機的技術、周遊世界各國以及學習

劍道等。當然，其中也有很多令人感到微不足道的目標。

上述故事的主角，正是世界著名的人類學家兼紀錄片製作人約翰·戈達德（John Goddard）。戈達德89歲逝世時，已經實現了其中的110個目標。他完成了尼羅河和亞馬遜河的探險，也成功學會如何駕駛飛機。為了實現自己訂下的目標，他必須善用時間並全力以赴。即使沒有親眼所見，想必大家也能想像他人生中的每一天，一定都過得非常充實且活力十足吧！就連戈達德本人也是這麼說的：

「在實現目標的過程中，我感受到生活的價值和意義。所以，如果各位有什麼想做的事情，請立刻設定目標並且採取行動。」

想要像戈達德一樣擁有明確的夢想和目標，並不是一件容易的事。因為有些人還不知道自己想做什麼，有些人則是想做的事多到數不過來。如果你還不知道自己將來想做什麼、想過什麼樣的生活，那麼你可以回想一下，自己在做什麼事的時候會感到有趣，以及什麼樣的人在你眼中看起來帥氣十足。

很多同學光是應付升學考試就忙得不可開交，根本沒時間去思考關於夢想的事。你可以仔細想想，自己是否有想要仿效的對象或是感興趣的事物，這些都可能成為夢想的線索。此外，也可以

探險

- ✔ 尼羅河
- ✔ 亞馬遜河
- ✔ 剛果河
- 長江

拍照

- ✔ 伊瓜蘇瀑布
- ✔ 維多利亞瀑布
- ✔ 尼亞加拉瀑布

攀登

- 珠穆朗瑪峯
- ✔ 富士山
- ✔ 吉力馬札羅山

造訪

- 北極和南極
- ✔ 艾菲爾鐵塔
- ✔ 加拉帕戈斯群島

思考一下你擅長或喜歡的科目，說不定也能成為參考的依據。

　　如果絞盡腦汁也找不到答案，尋求周遭人們的幫助也是一個好方法。因為比起一個人獨自煩惱，有時候與父母或老師好好聊一聊並說明自己的想法，反而有助於你釐清思緒。多與兄弟姊妹或朋友們討論這個話題，也會對你尋找夢想產生很大的助益。

一步一步慢慢來

還沒擁有夢想也沒關係

話說回來，請大家務必記住一點：夢想可以改變，也可以慢慢尋找。在尋找、實現夢想的路上，每個人都會感到不安和煩惱。所以，你大可不必擔心，因為不是只有你會感到不知所措。

來說一個關於夢想的有趣故事吧！這是聯合國安全和安保官員朴載現（대장에，音譯）的故事。

近來很多人想進入聯合國、國際貨幣基金組織或是世界衛生組織等國際機構工作，朴載現就是實現這個夢想的其中一人。令人驚訝的是，據說他在大學時對未來毫無目標，每天都過著漫無目的的生活，幾乎整天都待在網咖裡虛度光陰。徬徨了很長一段時

間，他終於在入伍後找到了自己想做的事，最後更透過自身的努力成為眾人欣羨的國際公務員。

彷徨OK！挫折禁止！

在國際上享負盛名的建築師白熙成（백희성，音譯），也曾經不顧親朋好友的擔憂和勸阻，毅然決然前往法國留學，結果跌破眾人眼鏡，成了一名世界級的建築師。雖然他在建築比賽中落選

過61次，但他始終沒有放棄自己的夢想，每天挑燈研究和學習，最後終於獲得建築領域中的榮譽「保羅‧梅蒙特建築獎」（Coup de Coeur Paul Maymont）。

　　如同上述例子，即使是不切實際或天馬行空的夢想，只要抱持著明確的目標和堅強的意志，任誰都可以將其實現。

　　你是否還在因為沒有夢想而感到不安？或是為了捉摸不定的夢想而煩惱？抑或只是害怕他人嘲笑你的夢想不切實際呢？

　　別擔心，你還有很多選擇和無限的可能，請放心、大膽地去做夢吧！偶爾為了尋找夢想而徬徨也沒關係，因為尋找夢想不分早晚，找到自己真正想做的事情才是最重要的。

相信自己做得到，就能改變一切

用具體目標創造明確的未來

經過長時間的思考與探索後，若是確定了目標，接下來就必須制定執行計畫來實現目標。最好從長遠的角度來規畫，而且內容越具體越好。知道具體的目標與背後意義的人，與不知道這一切的人相比，兩者在學習過程和結果上會出現巨大的差異。

在此介紹美國亞利桑那州立大學教授史蒂芬・葛拉翰（Steve Graham）進行的一項實驗。他以小學五年級和六年級的學生作為研究對象，請他們完成一篇作文。他給第一組學生設立的目標是籠統的「請仔細修改並完成文章」；給第二組學生設立的則是「至少修正三處，並加以補充後完成文章」的具體目標。

實驗結果如何呢？答案是得到具體指示的第二組學生普遍得到更高的作文分數。因為他們朝著明確的目標來修改文章，因此能夠進行有條理的修正，讓作文趨於完善。其實，實現夢想的過程也是一樣的。

不僅如此，當你有了明確目標，還會產生克服困難的力量。我們在學習的過程中，經常會出現覺得學習無趣而想放棄的念頭，或是未能獲得理想成績而感到傷心的時刻。此時若是心中沒有目標，那麼你會出現何種想法呢？「天啊，太累了，念書真沒意思，我再也撐不下去了！」想放棄的念頭肯定會先浮現在腦中。要是心中有目標，就能維持堅定的心態，就算過程再艱辛，你也會欣然接受。也許你聽過以下這句話：

「知之者不如好之者，好之者不如樂之者。」

孔子的話讓我們知道，當我們樂在其中時，就能發揮出無限的力量。

擁有目標也是同樣的道理，因為有明確目標，所以能夠坦然接受過程中發生的任何事情，也會產生樂在其中的從容心態。花式滑冰運動員金妍兒也說過，比起在比賽中打敗競爭對手，她更想要盡全力去享受滑冰的過程。

　　學習不也是一樣嗎？比起「我要好好學習數學，在考試中贏過班長成為第一名」的想法，如果能夠換成「我一定要把這個新知識融會貫通，讓它變成自己的一部分」，那麼你就不會去跟他人比較。即使出現失誤，你也會認為那只是學習過程的一部分，如此一來，你將能夠充分地享受學習的樂趣。

　　以這種心態來學習，一定可以獲得良好的成果。若是把焦點放在和別人比較或是贏得比賽，內心將會充滿負面想法，即便只是犯下小小的失誤也會變得討厭自己、把自己逼到絕境，進而累積巨大的壓力。

有時間與他人比較，還不如好好念書

　　有目標意識的人不會去跟他人比較，因為他們更關心自己是否充分理解學到的知識，以及是否將之變成自己的東西。所以，無論他人表現如何，他們都不會過度在意。

　　相反地，將目標設定在打敗競爭對手的人，會根據他人的表現優劣來評價自己的能力。這麼做，豈不是會活得很忐忑？想必他們一定承受著巨大的精神壓力，過著既緊張又焦慮的生活吧。

　　根據研究結果，嫉妒他人等負面心態會讓學習過程變得索然無

味，因而無法集中精神在課業上，導致成績一落千丈。這是由莎拉·希爾（Sarah Hill）為首的心理學家們共同進行的實驗，他們將參加實驗的人分為兩個群組，分別給予相同的單詞進行拼字測驗，並且在某一個群組裡安排了幾位外貌出眾的富豪。

結果，另一個群組中的參與者因為無法近距離接觸到這些富豪，開始表現出消極的狀態，甚至產生了嫉妒心。這些參與者在拼字測驗時完全無法集中精神，甚至對這個測驗失去了興趣。由此可知，負面情緒會讓人們將專注力放在競爭和比較上，最後反而變成邁向成功之路的絆腳石。

因此，與其嫉妒比自己出色的人、想盡辦法要贏過對方，不如好好設定目標並且努力堅持下去，因為這才是讓你在追夢的路上能夠勇往直前的最佳方法。雖然執行起來不容易，但你可以試著讓自己轉念：

「在學習過程中，我會盡全力將這些內容變成自己的東西。」

把焦點從別人身上轉向自己的目標，並且觀察自己的成長，你才會從學習中發掘到更多的樂趣。

你是哪一種學習類型的人？

森林型 vs 樹木型

　　既然已經決定好目標，接下來就要找到適合自己的方法來學習。首先，你必須先了解自己是哪一種學習類型的人。想想看，那些職業電競選手，就算玩同一款遊戲，每個玩家的遊戲風格卻迥然不同。為什麼會這樣呢？這是因為每個人的性格、智力及生活方式等都不盡相同的緣故。

　　有些人的學習速度比較快，相反地，有些人為了力求完美而循序漸進。有人喜歡一邊聽音樂一邊念書，有人卻只能在安靜的環境裡才能吸收知識。更有一些人習慣一邊活動身體一邊學習，而有些人則必須坐在書桌前才能集中精神。

如果把上述擁有各式風格的人全放到一個安靜的地方，要求他們不動如山地讀兩小時的書，結果會怎樣呢？我想，應該很難讓所有人都取得好成績吧！

　　每個人都有自己的「學習類型」，雖然區分類型的標準有很多種，不過最具代表性的分法是「森林型」和「樹木型」。延續上述內容，我們試著將「森林型」和「樹木型」套用在職業電競玩家的身上來看看。

　　「森林型玩家」會把焦點放在整體趨勢和結構上，反之，「樹木型玩家」則是關注每個細節並且深入理解。

　　因此，森林型玩家的人在學習上最好能像建築師一樣，把重點放在掌握學習內容的架構。這類型的人必須先在腦海中描繪藍圖，再進一步學習細節，如此一來才能取得好成績。

　　森林型玩家的代表人物是西班牙建築師安東尼・高第（Antoni Gaudi）。高第認為建築如同一個生命體，骨架、外皮及裝飾之間有著密不可分的關係。要完成一座建築物，就必須先以整體結構為考量進行描繪，進而確保結構細節和空間能相互協調。正因為他的建築融入了這種綜合性的視角，才能造就那麼多既穩固又美麗的建築。

　　與此相反，樹木型玩家對樹上的細枝末節更感興趣，他們的學

習重點在於正確理解每一個小細節。這類型的人非常重視自己是否全面理解內容，他們的態度嚴謹且力求完美。

代表人物是著名的英國偵探小說角色夏洛克‧福爾摩斯。請大家回想一下福爾摩斯破案時的樣子，雖然他每年要經手的案子不下50件，但每一次查案時他都會在現場進行深入觀察，就連一根頭髮也不放過。

專注細節並且逐一融會貫通，將結果做出統整後才描繪出全景，這就是樹木型玩家的最大特色。

你需要適合自己的學習方法

當然，每種類型都有其優缺點。森林型玩家善於掌握整體趨勢，但缺點是容易忽略細節，無法記住重要的訊息。樹木型玩家則因為過度關注細枝末節，因而往往無法將各部分的內容連結起來，或是未能深入思考自己所學的內容有何意義。

不過，我們無法輕言斷定哪一種類型比較好。對於習慣一心多用、最後才歸納重點的森林型學生來說，若是要求他「先把一件事情好好完成」，他可能會不知所措，腦袋變得一團混亂。同樣地，對於按部就班來學習的樹木型學生而言，如果在他耳邊嘮叨

「像你這樣慢吞吞的，何時才能把書念完？真是不得要領」，想必他一定會感到莫大的壓力。

　　沒有孰好孰壞，只是兩者的學習風格不同罷了，只要掌握並採用適合自己的學習方法即可。再說，努力改正缺點才是最重要的。那麼，如果想改善森林型玩家和樹木型玩家的缺點，應該怎麼做才好呢？

不同類型的深度學習技巧

截長補短

　　如果你認為自己是森林型玩家，那麼你必須先掌握整體內容的精華，並且把它變成自己的東西。只要做到這一點，就能保持你的優勢。了解自身優點的人，才有辦法將優勢最大化。但話說回來，又該如何補強不足之處呢？

　　由於森林型玩家往往會忽略詳細的資訊，因此在理解型的試題上容易失分，有時在自主學習的過程中也會發生誤解的情況。

　　這類型的玩家可以試著與朋友或父母玩猜題遊戲，藉此將學過的內容再次歸納整理。不須嚴肅以對，以遊戲般的心情輕鬆面對即可。這個方法看起來平淡無奇，卻有助於你再次確認犯錯的部

分，並且能適時修正理解錯誤的地方。

　　那麼樹木型玩家又該如何學習呢？這類玩家的優點在於能夠記住每個細節，對於每項資訊也有較高的理解度。然而他們無法將這些細節統合整理，因此較難理解整體性的概念，在概念題或需要應用的題型上經常吃虧。另外，他們很容易因為過度在意是否掌握了概念和內容而耗費大量精力，導致學到一半就已經精疲力盡。在此建議，這類型的玩家可以靈活運用「概念地圖」。

　　概念地圖是什麼呢？顧名思義就是把自己學到的概念用畫圖的方式畫出來，也稱為「心智圖」。首先，將你學到的五個核心關鍵字寫在紙上，然後畫出它們之間的關係。你可以用箭頭來說明關鍵字的關係，也可以用直線或虛線來表示關鍵字之間有何種程度的關聯性。將關係釐清後，再把細節內容補上，最後把它們之間的關係連結起來。概念圖的繪製因人而異，你可以按照自己的想法描繪，只要自己能夠理解即可。

　　像這樣把概念地圖畫下來之後，就能用綜觀的角度來理解內容，對於整體結構也能一目了然。

　　如何？是不是覺得挺有趣的呢？其實這些都是能彌補自身學習力不足的好方法，下次不妨善加運用。

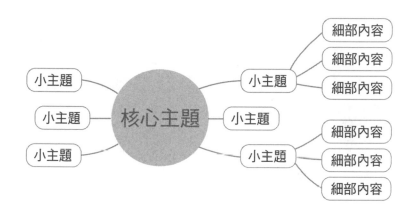

對任何學習都有助益的三項東西

我想在此介紹一個森林型與樹木型都適用的學習方法,叫做「螺旋式學習法」。指的是學習時先將內容快速瀏覽過,然後再從頭開始詳細理解每個項目。就像螺旋的形狀一樣,把知識一圈圈地旋轉吸收,故以此命名。

採用螺旋式學習法的時候,可以先選擇輕鬆且能快速完成的教材或評量。這麼做的目的是為了盡快在腦海中形成一個概念,有助於熟悉整體的學習輪廓。而且若是能從頭到尾做完一本教材或評量,內心會產生很大的成就感,進而讓自己在不知不覺中提升了自信心。

憑著這份自信，再選擇比上次稍具難度的教材或評量，將同樣的內容重新學一次。由於已經瀏覽過一次，理論上會比上一遍更容易理解內容。歷經了兩本評量的練習，此時整體概念已在腦海根深蒂固了。若你不想止步於此、想要精益求精，就可以繼續選擇難度更高的教材或評量，但這次不只是鞏固知識，最好能針對內容進行深入剖析。

　　「做個人專屬的整理筆記」，也是森林型和樹木型皆適用的學習方法。重點在於將所學的內容加以整理，製作成個人專屬的筆記本，並且能在不看參考書或教科書的情況下，將自己理解的內容刻印在腦海裡。

　　這個方法也適用於先前推薦給樹木型玩家的概念地圖。在繪製概念地圖時，盡量不要翻看教科書或參考書，而是先把自己腦海中的內容整理出重點摘要，再繪製成概念地圖。

　　這對森林型玩家來說，同樣是個很好的學習方法。整理筆記不僅讓樹木型玩家有了重新梳理概念的契機，也提供森林型玩家再次確認學習內容的機會。

　　此外，「複習」也是兩種類型都適用的學習方法。想要獲得好成績，複習比預習更重要，這樣的話想必各位已經聽到耳朵長繭了吧！不過你是否知道，「將內容重新看一次」與「用解題的方

式確認是否記得內容」，哪一種是更有效率的複習方法呢？前面提示過很多次了，我想各位應該都知道正確答案吧？

　　是的，一邊解題一邊確認學過的東西，才是更有效率的複習方法。透過解題來確認自己是否真的理解，確實非常有效。另外，比起剛學完就寫試題，隔一段時間再測試反而成效更佳。因為記憶會隨時間的流逝而變得模糊，所以過一段時間再來解題可以獲得更好的複習效果。

　　你可以從上述的幾種方法中選擇適合自己的，然後付諸實行。這麼一來，你不僅能找到學習的樂趣，還能感受到與日俱增的成就感，進而獲得亮眼的成績。

學習變有趣的瞬間 ①

讓想像變真實的魔法

　　你想像過實現目標的過程嗎？我們來談談在腦海中描繪「實現自我目標的過程」吧！每當我說這種想像對於實現目標有很大的助益時，經常會有人嗤之以鼻地說：「哎呀，太誇張了吧？想像怎麼可能成真呢？」但這卻是千真萬確的事實！想像你所設定的目標，並且具體描繪整個過程，對於達成目標確實會產生莫大的助力。

　　不過，前提條件是在想像的過程中，不能單純只想像美好的未來或現實的困境，而是要同時將兩者納入腦海裡，如此一來才能對結果有幫助。

　　假定目標是期中考國文成績100分，一位同學的想像是「自我滿足與父母稱讚」等「正面成果」，另一位同學的想像則是「認真讀書並寫完評量，遇到問題去請教老師」等「努力過程」，你認為誰能得到更好的成績呢？答案或許會出乎你意料，會獲得較高分數的是後者。

　　「如果我這次國文考試能考到90分，就會對國文產生自信，或許也會得到父母的稱讚吧？那麼我以後每天要花1小時來念國文，

上課也要更專心聽講才行。為了能有更多的時間學習國文，必須減少滑手機的時間了。」

請試著像這樣在腦海中描繪達到目標的過程，因為這種「目標想像學習法」有助於培養自律能力，進而提高實現目標的可能性，對於實現自己立定的目標有如虎添翼之效。

人生目標清單

你人生中有什麼非實現不可的目標嗎？請你製作一張屬於自己的人生目標清單吧！即使是微不足道的平凡小事也沒關係，能否真正實踐才是最重要的。如果能一一實現，你一定會得到前所未有的成就感！

今年／學生時期／人生中想要實現的事情

讀完《頂尖學生都是這樣讀書的！首爾大名師親授高效超強學習法》！　☑

□

□

□

□

□

□

□

□

設定具體目標

請試著思考一下，自己想成為什麼樣的人？夢想越明確越好。若是無法立刻回答也沒關係，因為夢想和目標可以一點一滴地描繪成形，不需要過於焦急。

首先，把自己想仿效的對象寫下來吧！

此外，可以仔細回想一下，自己對什麼東西感興趣？或是有什麼特別擅長或覺得有趣的科目？

如果思考與探索告一段落了，現在試著設定自己的夢想或目標。

設定具體計畫

為了實現目標，現在就開始訂定計畫，你覺得怎麼樣？目標要具體，計畫也要具體而明確才行。因為唯有清楚知道自己的目標和計畫，你才能以從容不迫的心態享受實現目標的過程。

想像一下，自己終於實現目標的模樣。

想像一下，在實現目標的過程中可能會遇到的障礙。

想像一下，實現目標需要付出多少努力。

想像一下，實現目標的具體日期。

想像一下，實現目標需要做些什麼？

尋找你的學習類型

你的學習類型究竟是「森林型」還是「樹木型」呢？請試著回答下列問題，勾選較多的就是你的學習類型！

森林型	樹木型
☐ 會把學到的知識用自己的話重新詮釋一次	☐ 在學習的過程中會同步確認學到的知識是否正確
☐ 會同時閱讀各種資料	☐ 每次集中心神理解一個主題
☐ 會思考如何將學到的內容和既有知識連結起來	☐ 會將每個概念的明確含義加以整理

尋找各種類型的學習方法

先前提到的森林型，在學習時喜歡一心多用，同時兼顧多門學科，可說是「分散型」的學習類型。反之，樹木型這種偏好循序漸進、一次解決一門科目的，則稱為「集中型」學習類型。兩者各有優缺點，該怎麼截長補短就是我們思考的重點。

	分散型	集中型
優點	每次都能以全新的心態學習	能夠投入時間深入學習
缺點	不易掌握全局	容易注意力下降、感到疲憊

分散型的人切莫三心二意，在學習某一學科時最好不要突然中斷，把注意力轉移到其他科目上。盡量將正在學習的內容告一段落後，再換別的學科。別忘了綜觀全局，掌握整體內容才是首要之務。

TIP

集中型的人在注意力下降時最好先休息一下，再重新拾起書本學習。此外，也可以稍微縮短各科目的學習時間，這樣更有助於維持注意力。因為長時間學習同一門學科，很容易讓人感到疲倦。

每天都期待學習的奇蹟

培養學習習慣

一旦養成某種行為或習慣，它就不會輕易消失，還會在特定條件下再次「復活」。

Chapter 2

從培養學習習慣開始，
擺脫三分鐘熱度

自動自發學習的祕密

「只要一坐在書桌前打算讀書，就會突然想去上廁所。」
「一翻開課本，睡意就襲捲而來，完全無法集中精神。」

　　經常聽到類似這樣的抱怨。其實，這不表示你特別散漫或注意力無法集中，你只是還沒養成良好的學習習慣罷了，希望你不要因此責怪自己或放棄自己。只要培養起正確的學習習慣，上述問題就能迎刃而解。

　　不管是否意識到「必須這麼做」，我們每天都會在不知不覺間重複做著某些事，這種行為即稱作「習慣」。舉例來說，吃飯前

一定會先去洗手，或是早上起來會先去沖澡等，這些都歸屬在習慣的範疇內。

那麼，為何要培養習慣呢？這個祕密就藏在我們的大腦裡。因為將某個特定舉動變成慣性行為，可以有效地節約大腦需要耗費的活動能量，所以即使沒有刻意刺激大腦，日常生活中反覆的行為也會自動轉換成習慣。如此一來，大腦需要處理的訊息量就會減少，多餘的能量就可以運用在其他活動上。你不覺得這是一件很神奇的事情嗎？我們的大腦竟然會為了更有效率地處理工作，而讓我們自行養成各種習慣呢！

但如果我們什麼都不做，只是被動地等待，大腦並不會自動自發地養成習慣。請試著想一想刷牙這個行為，想必大家一開始都覺得是一件很麻煩的事。可是一旦理解為何要刷牙，並且強迫自己每天刷，慢慢地就會養成天天刷牙的習慣，到最後甚至一天不刷牙就會感到渾身不自在。因此，重複去做某個行為是最重要的關鍵，即使起初並非心甘情願，只要反覆去做，大腦就會意識到：「哎呀，原來這是身體的習慣！」不知不覺間，我們的身體就會自然而然地接受這樣的行為。

學習也一樣，剛開始你會如坐針氈，滿腦子都是五花八門的想法。即使無法集中精神，也務必想辦法讓自己坐在書桌前，讓

這件事變成一種習慣。如此一來，今後不需要他人的嘮叨，自己就可以靜下心來好好學習。就算念書時電視正在播放吸引人的卡通，你也會理所當然地出現「要先念書」的念頭。此後你再也不會對學習感到壓力，因為人往往是在不知道該怎麼做選擇時才會產生壓力。而習慣是一種下意識的行為，它能讓人擺脫猶豫不決所帶來的壓力。

從微小的努力開始培養學習習慣

用小小的實踐養成好習慣

　　想培養良好的學習習慣，在日常生活中養成各種好習慣就是首要之務。如果不知道從何處著手，不如先從「按時吃早餐」開始，你覺得如何呢？

　　早上總是爬不起來的朋友，想必對起床吃早餐這件事感到負擔。事實上，人在吃過早餐後大腦才會跟著清醒過來，因此吃早餐有助於我們展開一天的學習。若你覺得與其花時間吃早餐，不如多睡一點，今後請你試著改變這個想法。過不了多久，你就會發現吃早餐不僅能讓心情變舒暢，上課時也能更專心。

　　「發出聲音學習」，也是有助於學習的良好習慣。尤其是在

大腦一片混沌時，若能開口讀出聲音，就可以刺激大腦活動，有加強記憶力的效果。如果因為睏意而無法集中精神，或是心神不定，不妨試著先端正坐姿，然後將學習的內容大聲讀出來。這麼一來，大腦會在不知不覺間活躍起來，你讀出來的內容也會慢慢進入腦海。

「規律的運動」，也是有助於學習的良好習慣。運動不僅對學習有輔助作用，本身就是一項非常重要的活動。人若沒有健康的身體，其餘一切都是空談。老人家經常掛在嘴邊的「健康第一」，絕不只是一句口號。適當的運動有助於提高記憶力，這已是不爭的事實。

一開始活動身體時，可能會感到疲倦或煩躁，但你一定要先邁出第一步。因為運動後不僅心情會變得舒暢，內心也會產生很大的成就感。這並不意味著你得去健身房等專業場所進行劇烈運動，只要每天快走30分鐘左右，讓自己有呼吸急促和汗流浹背的感覺，身體就會感到暢快舒適。如果對運動產生了興趣，你還可以慢慢增加時間，定期去從事讓你感興趣的運動。

「擁有屬於自己的思考時間」，也是有助於學習的良好習慣之一。就像在同一個地方待久了就會感到鬱悶一樣，我們的大腦同樣需要休息一下。望著天空發呆，或是呼吸幾口新鮮空氣都是不

錯的選擇，短暫的充電能讓你再度打起精神好好學習。

「知之非難，行之不易。」

是不是常聽到這種抱怨，耳朵都快長繭了呢？不過，將好習慣貫徹始終確實是一件很困難的事。我們每年都可以看到，很多人將培養好習慣列在新年新希望的清單中，結果總是執行幾天就草草了事。

培養好習慣明明是一件好事，為什麼執行起來這麼困難呢？其實原因很清楚，因為我們不知道自己「為何需要這個習慣」。在培養習慣時，我們必須重複某個特定行為，如果想讓這個習慣長久維持下去，就必須給予相應的補償才行。唯有這麼做，才能克服過程中無聊且煩躁的心情。

若是不明白養成良好習慣後能帶來什麼樣的結果和價值，我們就難以戰勝過程中必須面臨的痛苦。因此，比起培養良好習慣的具體方法和策略，最重要的，其實是了解「養成良好習慣能帶來的好處」。也就是說，首要之務是知道自己為何要培養良好習慣，要先對這件事有明確的答案。

前面我曾提及，想要學業有成，就必須先知道「為何要學習」，各位應該還有印象吧？不管目的為何，唯有說服自己、讓

自己接受，你才會腳踏實地去執行。就算父母或老師不斷在耳邊嘮叨，若是自己不明白為何要做這件事，最後也只會顯得心有餘而力不足。

所以，一定要先靜下心來好好思考「為何要培養良好習慣」的理由。這麼一來，即使是他人避之唯恐不及或叫苦連天的事情，你也能產生非執行不可的動力。

用小小的補償消滅壞習慣

如果你也認同養成好習慣是一件必要的事，現在就讓我們一起思考應該如何培養好習慣。舉例來說，放學回家後，就要立刻複習當天所學的內容。

這真是一件知易行難的事，因為這世界有太多的誘惑，像是電視、電腦、智慧型手機以及電玩等。老實說，這些東西確實比學習有趣多了，不過就算有這麼多外在誘惑干擾著，還是有辦法自己養成念書的習慣。

首先，你可以改變固有的觀念，與其試圖完全消滅妨礙自己學習的壞習慣，不如多培養有助於自身學習的好習慣。因為想要完全消滅壞習慣是不可能的事，但你可以用好習慣來取代壞習慣，

進而減少壞習慣出現的頻率。

　如果你放學回到家就習慣立刻打開電視，你就可以用其他正向的行動來取代。但是，在採取其他行動的時候，先從簡單的行為開始比較好。舉例來說，你可以選擇一回到家就先「坐在書桌前」，這麼做看起來似乎沒有任何意義，事實絕非如此。因為必須先把「坐在書桌前」變成一種習慣，然後再逐漸將原本的目的附加上去。

　就算一開始坐在書桌前什麼也不做，或是東摸西摸也沒關係。因為無所事事坐了幾天後，你就會開始覺得要找點事來做，可能先看幾本漫畫，或許再翻幾頁課本。等到身體完全熟悉這件事以後，你就可以慢慢進入學習的狀態。

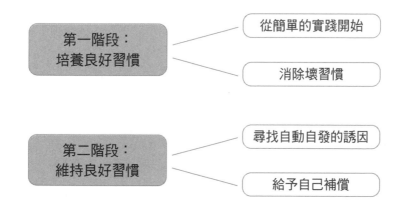

你知道習慣的養成也需要策略嗎？這裡的策略，就是去尋找能夠開啟某個習慣的訊號。人們往往會以特定的誘因展開行動，舉例來說，如果你想養成一回家就坐在書桌前的習慣，那麼你就要製造吸引你去做這件事的誘因。像是把自己喜歡的漫畫或零食放在書桌上等，如此一來，「漫畫」或「零食」就會成為培養習慣的誘因。

利用21日和66日法則，建立學習習慣

Step 2

將學習心態從排斥轉為期待

經過一番努力總算培養出良好習慣後，接下來，「如何維持這個習慣」就是最重要的一件事。眾多學者針對這個問題進行了研究，結果顯示，「21日」與「66日」是最具意義的時間。

根據研究，「21日」是大腦接受習慣的準備期。美國醫學博士暨心理學家麥克斯威爾‧馬爾茨（Maxwell Maltz）指出，人類對新事物的排斥感需要21天才能消除。一般而言，我們的大腦只要一接觸到新事物就會自動產生排斥感，即使自身沒有察覺，也會呈現出自我防禦的傾向。

至於「66日」，又有什麼含義呢？這是倫敦大學心理學研究小

組在進行實驗後得到的數字──人們平均需要66天才能培養一個新習慣。執行新習慣66天後，人們才會擺脫意識感，成為下意識的行動。

當然，具體的時間長短因人而異，也會因為培養習慣的方式不同而有不一樣的結果，但一般而言，平均天數是這個數字。由此可見，為了培養一個新習慣，必須經過漫長的忍耐才能成功。

長久維持良好習慣的祕訣

研究習慣的學者表示，如果想順利撐過這21日或66日，可以試著尋求「有志一同的朋友」。在各自培養習慣的過程中，有能夠互相理解並給予鼓勵的朋友，就能鼓起勇氣克服所有困難。因此，學者建議可以尋找志同道合的朋友，在培養好習慣的路途上攜手前行。

若是沒有這樣的朋友，你也可以向父母提議，請他們陪你一起執行。如果你想要培養每天閱讀1小時的習慣，你就可以試著請求父母在這段時間陪你一起讀書。我想，天底下沒有任何父母會狠心拒絕孩子，對孩子說出「不要」的話語。

讀到這裡你有什麼想法呢？「學習是一種孤獨且痛苦的過程」

這種偏見，是否有稍微被打破了？當然，學習最終還是只能靠自己，但在過程中不妨找幾個同舟共濟的朋友吧！

立下宏偉的目標後，不要獨自奮戰一段時間就默默放棄，你可以把設定好的目標告訴周遭的親朋好友，並且向他們提出請求。告訴他們，若是一起執行，一定可以獲得更好的成果。只要勇於開口，我相信大家都會積極地給予協助。

以成就感強化學習習慣

適當的補償，健康的學習

　　從一開始就養成良好習慣，是一件很重要的事。常言道，一旦養成某種行為或習慣，它就不會輕易消失，還會在特定條件下再次「復活」。

　　在天才聚集的麻省理工學院裡，研究「基底核」*的安・格雷比爾（Ann Graybiel）曾對此做過相關的老鼠實驗。實驗讓老鼠在迷宮裡奔跑，直到老鼠習慣為止，並且停止給予老鼠相應的補

---

* 又稱「基底神經節」，位於大腦深處的神經核，主要功能為自主運動的控制、調節細緻的意識活動和運動反應，同時也參與記憶、情感和獎勵學習等高級認知功能。

償。補償停止後，老鼠奔跑的習慣似乎立即消失。但是，過了一段時間後，把老鼠重新放進迷宮裡，牠又開始興奮地跑著！

　　就像這樣，熟悉的習慣隨時都可能再度重啟。壞習慣也是如此，所以務必在萌芽前就杜絕它。萬一過去的壞習慣有故態復萌的跡象，你可以試著採用下列方法。

　　第一，仔細回想自己是在哪一瞬間打破了原有的好習慣，讓壞習慣趁虛而入。是在身體不堪負荷的時候？還是壓力大的時候？

如果每次疲累時就會出現破綻，那就要讓自己努力保持在良好的狀態。睡眠充足、按時吃飯以及適當運動，只要做到這些就有助於維持良好習慣。

第二，試著尋找新的補償。前面曾提及，想開始培養習慣的時候，可以給自己一些補償，大家是否還記得呢？孩子們大部分的補償來自父母，像是得到好成績後，父母買的遊戲機或衣服等。「如果這次英文考100分，我就買你想要的那雙鞋子給你。」類似這樣的話，想必大家都聽過。

當然，這種補償確實有助於提高成績，但比起來自外界的補償，自我補償是最有效的。例如定下「這次數學考試要比上次進步10分」的目標，如果實現了，就給自己「考後那週的星期六只做自己想做的事」當作獎勵。

不過問題在於，這種形式的補償久了就會失去吸引力，讓人不再心甘情願去維持原有的習慣。此時，你可以為自己換個補償方式，但要留意，盡量避免用增加打電動或滑手機的時間當作補償，因為那些東西很容易上癮，會讓人深陷其中難以自拔。除此之外，和朋友們一起玩樂、看場電影或是安排其他休閒活動等，都是一些不錯的補償方式。

靠自己培養出對學習有益的好習慣，進而獲得好成績，或是開

始對學習產生興趣，你會在這個過程中得到莫大的成就感。這種成功經驗和成就感，會帶來很大的自信和力量，讓你今後無論做什麼事都勇於挑戰。所以說，擁有成功經驗是一件非常重要的事情。請試著設定遠大的目標，別在中途輕言放棄，並且制定適合自己的計畫，然後一步步完成，將它變成自身的成功經驗。哪怕是微不足道的計畫也沒關係，它會讓你在成功後產生「下次想往更大的目標邁進」的挑戰念頭。

　　每個人都有巨大的潛力與才華，但要如何挖掘出來並培養成自身的實力，這終究是個人的責任。不過，培養習慣是人人都做得到的事，絕不是只有天選之人才能成就的大事。

學習變有趣的瞬間 ②

自我強化的學習效果

教育心理學將「自我補償」稱為「自我強化」。父母或老師給的補償固然很重要，但若以長遠的視角來看，訓練自我補償是更要緊的。在此再次強調，完成目標的時候，你必須安排各種方法進行自我補償。

一旦自我補償的行為變成一種習慣，你就會對自己感到自豪，即使無法從外界得到幫助，也可以自行找到能夠提升學習欲望的墊腳石。

老實說，歷經了長時間的學習後，誰都會對讀書感到厭倦，不管是精神還是體力上都會越來越難承受。

此時，給予自己適當的補償，就能提高對於學習的滿足感，並且增強持續學習的動力。最清楚何時應該給予補償的人不是別人，而是你自己。因此比起他人所給的補償，自我補償的效果絕對來得更大。

當然，學習的成果本身就是一種補償，而這也是給自己最好的獎勵。假設你的目標是「這次數學考試要考100分」，那麼當你達成目標時，難道還有比這個更讓人感到幸福的補償嗎？享受從制定目標到獲得成果的過程，正是我們的最終目的，也是實現自主學習的關鍵。

　　學習時的競爭對手應該是你自己，因為跟他人比較只會降低自信心，甚至會責怪自己。越關注別人的成績和學習進度，壓力反而會越大；跟自己的約定，才是最值得你關心的。你可以藉由記錄來掌握學習進度，確認自己離最初設下的目標是否又更靠近了一些。

　　另外，也要制定有效率的學習方法。例如：將設定的學習時間和實際執行的時間做個比較和分析，或是加強複習自己不擅長的科目及經常出錯的內容，以及了解自己最有效率的學習時段、感到有興趣或棘手的科目等等。

　　每次成績出來後，也別忘了仔細分析，如此一來才能期待下次能獲得更好的成果。

　　實現自我目標的那股愉悅，沒有親身體驗過的人絕對無法理解，希望你也能感受到那種非常美好的回報。

21日挑戰

大腦對於新習慣抱持著警戒，從排斥到接受所需的時間是21天，不妨一起來試著培養新的學習習慣吧！一開始可以從簡單一點的習慣開始，像是「培養閱讀習慣」就是一項不錯的選擇。請利用以下表格，每天堅持執行並且逐一檢核。

| 第1天 | 第2天 | 第3天 | 第4天 | 第5天 | 第6天 |

| 第7天 | 第8天 | 第9天 | 第10天 | 第11天 | 第12天 |

| 第13天 | 第14天 | 第15天 | 第16天 | 第17天 | 第18天 |

| 第19天 | 第20天 | 第21天 | ★★ 改變的開始！ |

66日挑戰

給熬過21天的自己一點小小的補償後，接著繼續堅持到第66天吧！如此一來，它就會成為伴隨你一生的好習慣。

第22天	第23天	第24天	第25天	第26天	第27天
第28天	第29天	第30天	第31天	第32天	第33天
第34天	第35天	第36天	第37天	第38天	第39天
第40天	第41天	第42天	第43天	第44天	第45天
第46天	第47天	第48天	第49天	第50天	第51天
第52天	第53天	第54天	第55天	第56天	第57天
第58天	第59天	第60天	第61天	第62天	第63天
第64天	第65天	第66天	★★ 改變的完成！		

強化習慣的自我診斷

你可以藉由下列的自我診斷表，確認自己是否保持著良好的學習習慣。

是	否	
☐	☐	無法從每天重複的事情中感受到以往的成就感
☐	☐	對於每天反覆做的事情感到壓力
☐	☐	不明白為何要保持良好的習慣
☐	☐	壞習慣會在身體疲憊時故態復萌
☐	☐	難以保持良好的身心狀態
☐	☐	玩遊戲或滑手機的時間逐漸增加

培養和維持習慣說起來很簡單，執行起來卻很困難，對吧？此時，最重要的是必須花時間做「自我強化」，以及需要付出耐心。請再次確認自己究竟需要什麼樣的良好習慣，並且思考一下有什麼新的補償方式。另外，找個有志一同的朋友也可以提供你很大的幫助。

高效
學習
memo

樂此不疲的
最佳學習方式

鞏固學習耐力

學習不需要跟他人比較，也不用跟著流行趨
勢走。要選擇適合自己的東西，而且要留意
自己是否能夠消化。

學習是一場長跑

完成長跑需要「後設認知」

學習時，要不斷對自己的學習過程和結果進行回顧，這點非常重要。教育心理學將這種重新評估自身學習習慣的重要能力，稱為「後設認知」。後設認知是指在學習或思考的過程中，有能力去判斷自己到底在想什麼，以及自己獲得了哪些知識、不明白哪些事情。在擅長學習的同學身上，往往都能看到這種特質，他們會正面評估自己，並且深入思考該怎麼做，才能用更有效率的方式去學習。

我們所擁有的「知識」，大致上可分為兩種：一種是「無法向他人解說的知識」，另一種則是「能夠向別人解說的知識」。

「無法向他人解說的知識」，充其量只是你熟悉的事情，算不上是自己的知識。如果不清楚「自己明白了什麼和不明白什麼」，那麼你就必須仔細思考，自己在學習過程中要加強的重點是什麼，這就是所謂的後設認知。

想培養這種後設認知的能力，該怎麼做呢？只要時時刻刻反問並檢查自己學到的東西就可以了。讀完一個章節後，你可以閉上眼睛，回想一下剛才讀過的內容是什麼，或試著將腦中的內容直接寫在筆記本上。學習結束後立刻執行，效果會比過幾個小時後才做來得更好。如此一來，你就會清楚知道自己究竟掌握到哪些知識，以及需要加強的部分是什麼。當你習慣這種模式以後，就能更有效率地學習。

但是，不能因為這種方法效果好，就把學習重心都放在考試經常出現的題型和內容上，這並不是一種好習慣。想要取得好成績，最好別在意它是否會出現在考題中，重要的是你能把所有重點完全消化吸收，讓它變成自己的東西。

用持續的思考力鍛鍊學習耐力

以傳授「教學方法」聞名的頂尖學者肯・貝恩（Ken Bain），

在《如何訂做一個好學生》一書中將學習者分為三種，分別是「淺層學習者」、「策略學習者」和「深層學習者」。

「淺層學習者」是假裝自己在讀書的人；「策略學習者」是為了取得好成績，只針對考試範圍念書的人；「深層學習者」則是會去思考「我所學的內容是什麼？有何意義？」的人。

在這場以「學習」為名的馬拉松比賽中，你認為誰會成為最後贏家？是的，答案就是深層學習者。也就是說，想在這場漫長的馬拉松比賽跑完全程，你需要的是更加深思熟慮的學習。

首爾大學教授黃農文，在他所撰寫的《投入式思考》一書中如此強調：

「在大多數情況下，我們習慣快速思考，但我們應該養成針對某個課題或問題花時間慢慢思考的習慣。」

為了培養慢慢思考的習慣，你必須在生活中落實對某個主題深入思考的習慣。別忘了，「深度思考」比「埋頭苦幹」更重要。

自我效能帶來的奇蹟

絕對不要懷疑自己的能力

學習的過程中，「動機」是非常重要的元素。來自父母、老師或朋友的稱讚，固然是學習的一大動機，但最重要的依然是自己的想法，尤其是「自我效能」，是影響學習動機的最大關鍵。

「自我效能」是什麼？這個詞聽起來有點高深莫測，簡單來說，就是指「對自身能力的信任」。相信自己是「有能力的」，與堅信自己「做不到的」，從結果來看會出現相當大的差異。

只要對自己的能力有信心，不管做什麼事都能湧現自信；而一旦信心十足，做什麼都會覺得有趣。如此一來，自然會對學業產生興趣，成績也會與日俱進。

明白自我效能的「功效」後，理所當然會想盡快讓自己產生這種信心。不過，在你提升自我效能之前，最好先了解到，自我效能會受到成功和失敗經驗的影響。想想看，假如不管做什麼事都是手到擒來，你很容易會認為自己是「有能力的人」；相反地，如果做什麼事都失敗，就會打從心底認定自己是「什麼都做不好的人」。因此，在設定目標時，要先以自己能完成的簡單目標為優先，進而累積自身實現目標的成功經驗。

　　你必須對學習感興趣才有辦法堅持下去，也才不會輕易喊累。當你用自身力量實現自己制定的目標時，就會對此樂在其中。但是，若你無視自身能力，設定了遙不可及的目標，最後你就會疲憊不堪，甚至出現自貶的傾向。

　　「竟然連自己制定的計畫都執行不了，我真是太懶散、太沒用了！為什麼我會如此缺乏意志和毅力呢？」

　　好高騖遠的結果，就容易產生這種想法。因此，千萬別太貪心，要先以容易達成的目標為主。當你完成這個目標後，你就會得到啟發，進而明白：「只要我肯努力就一定能做到，目前我已經有足夠的能力了，重要的是把該做的事好好完成。」

　　現在很多同學都超前學習，但這種行為一不小心就可能變成致

命毒藥。如果此時只有小學五年級的程度，卻強迫自己去學習國中一年級的數學，那麼你會出現什麼樣的心情呢？看著一起學習的同學都跟得上進度，自己卻還是一知半解，再怎麼拚命想要理解，大腦依然無法吸收，這種處境只會讓自己痛苦不已。

　　學習不需要跟他人比較，也不用跟著流行趨勢走。我們要選擇適合自己的東西，而且要留意自己是否能夠消化。不適合自身程度的超前學習，對自己是有害的，請務必多加留意。

相信自己，對學習也會產生自信感

　　想提升自我效能，還必須謹記：不要執著於失誤。每個人都會犯錯，但重要的並不是錯誤本身，而是我們「藉由犯錯學到了什麼」。因此，就算你犯了錯，也不要過於在意。如果你對每個微不足道的小失誤都耿耿於懷，那麼在做任何事之前，你都會擔心「如果又犯錯的話該怎麼辦才好」，甚至變得終日惶惶，讓自己籠罩在莫大的壓力之下。

　　壓力足以毀滅一切，阻礙你邁向成功，這點大家應該都很清楚。所以，不論是沒讀到而失分，或是學過了卻依然答錯，都要分析自己為何犯錯，讓這次的錯誤成為下次考試的助力。犯錯和失誤都是一種經驗，將這些經驗累積起來，就是成功的基石。

　　從另一個角度來看，自我效能也可說是對自己的信心和底氣——我就是我，不需要跟他人比較，我的存在本身就是一種價值。認同現在的自己，並且反思在不利的情況下該怎麼做才能讓自己成長，自我效能就會自動「找上門來」。請試著尊重並相信現在的自己，不管什麼事情都抬頭挺胸去做，跨出這一步，你就能成為更帥氣的自己。

行使「自我決定力」的特權

不看他人眼色，享受全心投入的樂趣

　　你是否總是無法自己做決定，習慣依賴父母，甚至希望父母替你做決定呢？如果你有這種傾向，希望你能盡快調整。說自己天生害羞膽小，所以需要父母代替做決定，這個藉口是行不通的。就算性格內向需要父母協助，也不可能一輩子仰賴他們，因此最好改掉這個習慣。學習過程所需的基礎耐力中，「自我決定力」占據了相當重要的位置。

　　如果想擁有自我決定力，首先必須自己嘗試去做些什麼。為了達到這個目的，你可以開始自己做「選擇」。例如要讀什麼書、從哪一科開始學習，或是要上哪一家補習班等等，都可以自己做

出選擇。

「由父母代替自己做選擇，就不需要花時間考慮了，而且說不定是更好的選擇，為何非要由自己做選擇不可呢？」

我相信很多人會提出這樣的反問，他們認為大人的社會經驗足夠，理所當然有更高的機率做出更好的選擇。況且，正因為做決定的人不是自己，隨之而來的責任感也會減少。

如果是自己做選擇，握有決定權的人就是自己。更因為是自己做的決定，所以在採取行動時就會更有責任感。別人替你做決定，你就只是受人指使的僕人；身為一名僕人，在邁向成功的過程中怎麼可能盡情享受呢？

面臨重大決策時，若由自己做出選擇，不僅可以愉快地享受整個過程，也會盡最大的努力讓這個決定成為最正確的選擇。如此一來，你就會更加全神貫注在自己要做的事情上，在良性循環之下取得更好的成果。

實際上，自己選擇想參加的體驗課程或補習班，不僅可以長時間享受樂趣，還會更積極地參與其中。雖然活動本身也有其樂趣，但自己選擇想做的事，從中得到的快樂更能成為學習的動力。所以，遇到與自身有關的事情時，請務必積極參與，勇於表

達己見，培養為自己做選擇的心態。

　　有多項研究結果表明，當父母給予孩子決定權時，會激發他們更多的學習動機。美國心理學家做了一項實驗，讓一部分的學生在資訊數學課上擁有選擇的機會，另一部分的學生則沒有。結果顯示，享有選擇權的孩子不僅可以獲得更好的成績，同時也對自身能力有更正面的認識。

　　不僅如此，當他們面臨難度更高的課題時，也表現出願意接受挑戰的意志力。另外，在閱讀的過程中，比起無法選擇的學生而言，享有選擇權的學生對文章的興趣和投入感情的程度也高出許多，甚至連思考和分析能力也有明顯的提升。

話說回來，對選擇所帶來的後果抱持著一定程度的恐懼，這是人之常情。

　　「萬一我做的選擇出了問題或把事情搞砸，該怎麼辦？」
　　「如果做錯選擇而被他人埋怨或指責，我該如何是好？」

　　你可能會因為這種想法而感到不安，或是擔心遭到他人異樣眼光、害怕白白浪費自己的時間。但是你千萬別忘了，唯有自己做出的選擇才會讓人產生責任感。更因為你選擇的必定是自己喜歡和想要的東西，所以能夠愉悅地投入其中，這是擁有「自我決定力」的人，才能享受到的特權和幸福。

享受「自我控制權」的自由

為學習增添樂趣的特級處方

「在學習的過程中，我能握有控制權嗎？」

　　你是否也有過這樣的想法呢？「自我控制權」是影響學習過程能否感受到樂趣的決定性因素。從另一個角度來看，也可視為類似「自我決定權」的概念。對自己所做的事情擁有控制權，是為過程增添樂趣和意義的重要因素。相反地，如果沒有控制權，不僅得不到快樂和樂趣，還會感受到不安，整天擔心著「如果我犯錯的話該怎麼辦」。

　　請想像一下，一種情況是你對某件事握有控制權，一種情況則

是他人單方面決定一切，面對這兩種處境，你應該會有截然不同的想法和態度吧！如果擁有自我控制權，你必然會賦予該做的事情一些不同的意義和價值。

學習也是同樣的道理。像是要不要買參考書、是否報名以及要去哪一間補習班、要投資多少時間在某個科目上等問題，如果都由父母或老師替你決定，你認為自己能從學習的過程中得到樂趣嗎？想必只能硬著頭皮勉強應付吧。

學習是自己的事情，所有的努力都是為了讓自己有一個更好的人生。如果這麼重要的事都不能由自己來做選擇和決定，那麼你只是一個傀儡罷了。

不過，在行使自我決定權或自我控制權的時候，有幾點需要特別留意。由於自身的經驗不足，所以請保持開放的心態，適時接受別人的幫助。

在做各種與學習相關的決定時，固然要讓自己擔任主角，主動做出決定並擁有控制權，但因為父母和老師有更豐富的經驗，所以也要學著採納他們的意見。若是能藉由聊天的方式將雙方意見加以協調、討論，那麼絕對可以做出更好的決定。

失敗的學習經驗是進步的基礎

無法達成目標時，自我控制權會決定你的心態，你將從「認定失敗結果是不可控制的」，轉而相信「結果是可以控制的」。也就是說，自我控制權會影響失敗後的學習動機。

「因為我沒有讀書的天分，所以考不好。」

「因為我不夠努力，所以考不好。」

這兩者之中，擁有哪種想法的人可以在將來獲取更好的成果呢？認為自己沒有讀書天分而考不好的人，覺得自己無法運用自身的能力，因此難以從學習過程中感到樂趣。而且他們固執地認為，不管怎麼做都不可能成功，所以也不會為此付出努力。

但是，「努力」是完全可以由自己掌控的東西。如果你明白這次的失敗是因為自己努力不足，那麼你就會相信自己能改變一切，可以透過努力創造出更好的結果。

有一點我敢肯定，那就是如果想要好好應付國小、國中及高中的課業，天分所占的比例並沒有很高。當然，擁有優異天分和智力的人，在學習時確實會比較輕鬆，但在這三個階段，其實只要努力就能達到自己想要的目標。也就是說，這三個階段的課業還

沒難到需要用上優異天分和智力的程度。

如果認為學業成績不佳是因為自己頭腦不好、沒有天分或個性散漫的緣故，這只是在找藉口。事實上，透過努力可以克服錯誤和失敗。最重要的是，必須找出失敗的原因，並且盡全力彌補它。當然，自我信任也很重要，這就關係到自我控制權。

心理學家米哈里‧契克森米哈伊（Mihaly Csikszentmihalyi）認為，當我們全神貫注在某個任務時，除了表示這個任務具有挑戰性，也代表我們擁有實現它的能力與技術。換句話說，如果你不具備足夠的能力或技術，是不可能進入全心投入的狀態。

根據他的說法，人們面臨超出自身能力和技術的事情會感到焦慮不安，唯有在自身可控制的範圍內，明白自己有駕馭這項挑戰的能力，人們才會完全投入。學習也一樣，內容在你能處理的能力和範圍內，你才會對學習感興趣。

現在，你明白擁有主導意識和控制權的重要性了吧？你一定要擁有自主選擇的「自我決定權」，以及能夠自主管理整個過程的「自我控制權」，如此一來，你的學習之路才會變得有趣，而學習的耐力也會變得更穩固，這點請務必牢記在心！

感到幸福的學習方法

幸福感能創造好成績

你聽過「幸福感和學習互相關聯」的說法嗎？很多人聽到後可能會嚇一跳，連忙擺手表示：「我才不相信呢！」

「只要一念書就會感到壓力，本來覺得幸福也會變得不幸。」
「幸福和學習有什麼相關？我不相信有令人幸福的學習。」

我耳邊似乎傳來這些吶喊聲。事實上，如果你對生活感到滿足和幸福，成績優異的可能性確實會大幅提高。若你對一切都感到不滿、焦慮、煩躁和憤怒，想獲得好成績幾乎是不可能的事。

韓國兒童、青少年幸福指數

第1名	荷蘭
第2名	挪威
第3名	西班牙
第4名	奧地利
第5名	丹麥
⋮	
第22名	韓國

幸福指數各群體的價值指標偏好度

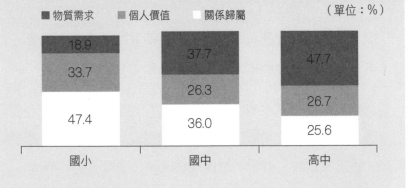

■ 物質需求　■ 個人價值　□ 關係歸屬　　　　（單位：%）

國小：18.9 / 33.7 / 47.4
國中：37.7 / 26.3 / 36.0
高中：47.7 / 26.7 / 25.6

在一份國際兒童機構「救助兒童會」與首爾大學社會福利研究所共同進行的「國際兒童生活品質調查」中，韓國兒童的生活品質在35個國家中排名後段，僅列於第31位。

從上一頁的統計數據也可得知，韓國的學生過得並不幸福。根據2021年底韓國方定煥財團公開的「韓國兒童、青少年幸福指數」研究結果，在經濟合作暨發展組織（OECD）的22個國家中，韓國兒童與青少年的幸福指數排名第22位，名列倒數第一。仔細觀察該調查內容，在「可以提升幸福事物」的提問裡，你會發現大多數學生的答案是金錢、成績變好或考取證照等屬於「物質需求」的內容；回答家人或朋友等「關係歸屬」，或是健康、自由、宗教等「個人價值」的學生則相對少數。由此可見，韓國學生的價值觀裡，物質需求相對於其他元素更重要。

有趣的是，認為關係歸屬能提升幸福的學生，他們的幸福指數也相對較高。這代表什麼意義呢？這表示比起把物質需求放在第一位、致力追求物質享受的孩子，這些把愛和友情放在首位的孩子更能感受到幸福。

如果對其他事物毫不關心、只以學業成績作為目標，那麼無論是誰都無法得到幸福。一般來說，課業壓力最大的時期應該是高中階段，但根據調查結果所示，有三分之一的小學生認為「因為

學習很辛苦,所以過得不幸福」。

　　抱持著負面心態,還能坐下來好好學習嗎?而學業成績優異,是否就能感到幸福?答案絕對是否定的。一旦學習壓力太大,就會失去對生活的熱情。如此一來,不僅是學習這件事,就連朋友關係、家庭關係,甚至是日常生活都會令人感到厭倦和窒息。換句話說,人生所有的一切都被學業壓力給破壞殆盡,說不定此刻就有人處於這種境地之中。

不要被學習的壓力擊潰

　　那麼該怎麼做才能減輕學業壓力呢?首先,必須找到學習的意義。我在前面提過,學習應該是成為實現自己人生目標的手段。也就是說,我們必須為了獲得幸福而學習。讓學習本身成為人生的目標之一,你就能幸福地學習。

　　如果已經找到學習的意義和目標,壓力仍然排山倒海而來,此時尋找一個專屬於自己的紓壓方式就很重要。找好朋友、父母或老師傾訴煩惱是很好的方式,或者培養一個與學業完全無關的興趣也是不錯的方法。

　　總之,學習是人生必經之路。目的不是為了考上一所好大學,

而是因為學習可以幫助我們成為一個更好的人。

我們固然是藉由學習提高成績才能考上大學、找到工作，但學習並不是為了獲得這些結果。即使考試得了零分，或是不打算上大學，我們仍然需要學習。因為學習可以教會我們人生中的基本常識和生活態度，進而擴大人生的價值與看待世界的視角。

每個人透過這種非關成績的無形學習，樹立了各自的價值觀，也孕育出活下去的力量。因此，很多國家都明文規定孩子接受義務教育的時間。學習不僅僅是為了考試和成績，而是要教育我們如何做人，讓自己成為一個能夠自由思考、知識豐富以及更有價值的人。

既然學習是不可避免的，那就讓我們盡可能在沒有壓力的狀況下幸福地學習，你覺得如何呢？雖然看似天方夜譚，實際上是能夠辦到的！

學習變有趣的瞬間 ③

抗拒誘惑的方法

　　為了強迫自己讀書而坐在書桌前的時候，你是否滿腦子還是沒打完的電玩畫面，或是偶像帥氣漂亮的臉孔？「好想繼續玩遊戲」、「好想跟朋友出去玩」、「好想看電視」等念頭不斷浮現在腦海。

　　難以抵擋誘惑是人的本性，偏偏我們周圍充斥著各種吸引人的東西。父母總是說：「稍微忍耐一下，長大後就可以盡情去做自己想做的事了！」但真的那麼容易做到嗎？

　　雖然誘惑難擋，但這不代表我們就沒有抵抗誘惑的能力。教育心理學有個叫做「延遲滿足」的概念，它是指為了追求將來的目標而克制自身欲望、放棄眼前誘惑的能力。

　　「延遲滿足」一詞來自1966年史丹佛大學教授沃爾特・米歇爾（Walter Mischel）所做的棉花糖實驗。沃爾特博士將香甜的棉花糖放在孩子面前，並且告訴他們：如果能忍住不吃，15分鐘後就可以獲得2個棉花糖。結果出爐，有的孩子可以忍耐，有的孩子做不到。

　　有趣的是，從實驗結果發現，忍耐更久的小孩在就學以後，不僅較少出現問題行為，成績也更優秀。這個研究成果讓人看到，

懂得克制欲望的自制力，在將來會成為獲取成功的重要助力。

　　那麼，要怎麼做才能培養「延遲滿足」的能力呢？其實只要記住一點：唯有享受當下所做的事情，你才能培養出為了達成理想目標所需的忍耐力。人在充分感到幸福時，就不會做出衝動或消極的選擇。棉花糖實驗中，能夠忍耐15分鐘的孩子在等待時並非無所事事，而是會自己找事做，例如唱歌或玩遊戲等，他們選擇了可以讓自己愉快的活動來度過這段時間。

　　對我們來說也是相同的道理，唯有在當下的生活中感到愉悅和樂趣，才能為了獲得美好成果而拒絕現在的誘惑。也就是說，我們必須學會從當下的生活和學業中感受到愉悅和樂趣。如果家人之間和睦相處，並且與朋友維持良好的友誼，就可以獲得實現未來目標與努力奮鬥的力量。唯有自己感到幸福，才能在學習之中得到快樂，進而能擺脫高度壓力，邁向更美好的未來。

　　如果你現在完全感受不到幸福，就很容易陷入悲慘的心情，不管做什麼都會覺得沒意義。此時，你應該立即闔上書本，專注療癒自己的心靈，因為追求幸福才是我們學習的最終目的。

學習自主權

能夠選擇自己想嘗試的內容,這種「自主權」在學習上是非常重要的元素。以下三種類型,你屬於哪一型?這裡用韓劇《天空之城》裡的角色分類來舉例,固然有點極端,但我們不妨先測看看,你會是其中哪一個角色。

復仇者聯盟類型

控制的自律性

「我的想法並不重要,按照爸爸媽媽的安排準備考取醫科大學。」

壓抑的關係

「成績不佳時只能看父母臉色,若是沒拿到第一名,連吃飯的資格都沒有。」

復仇的快感

「如果順利考上醫科大學,我要馬上脫離父母獨立生活。」

傀儡類型

輔助的自律性

「若是媽媽或老師沒有幫我制定計畫,我就不知道該怎麼念書。」

手段的關係

「○○很會念書,所以我想跟他當好朋友。我不需要學業成績不佳的朋友。」

競爭的心態

「氣死我了,這次的排名竟然在○○後面,下次我一定要贏過他。」

蘇格拉底類型

責任的自律性

「我需要時間探索自己,我要決定自己的未來。」

支持的關係

「父母和朋友給我無條件的支持,他們是我堅強的後盾。」

自我主導能力

「雖然上補習班有幫助,但我有自信靠努力發揮實力。」

學習的三個必備條件

擁有自主學習能力的人，通常會積極地滿足下列三項條件，因此他們可以愉快地專注於學習。你的三項條件處於哪一種狀態？

自律性

□是　　□否　　我可以自由地選擇自己想做的事

關係性

□是　　□否　　我可以從與他人的關係之中得到安全感

自我效能感

□是　　□否　　我認為自己是一個有能力的人

如果你的答案是否定的，請試著想辦法變成肯定的回答。

高效
學習
memo

學習也需要技巧

制定學習策略

雖然每個人的時間都一樣，但你可以採取更
有效率的學習方法。能否做好時間管理，會
成為實現自我目標的成敗關鍵。

獲取一流成績的時間管理法

天才都擅長時間管理

找到學習的意義，並且培養出學習所需的耐力後，現在就該正式擬定學習策略了！學習要有智慧地採取策略，才能用最少的時間取得最好的成果。

在學習時間管理法之前，先來介紹在教育心理學領域中留下輝煌成果的兩位偉大學者，他們分別是：伯爾赫斯・弗雷德里克・史金納（Burrhus Frederic Skinner）與愛德華・桑代克（Edward Thorndike）。

史金納是行為主義心理學（不是以人類的心理或意識，而是以客觀角度來觀察人類行為並且做分析的心理學）的創始人，是這

個領域中最具代表性的人物。他在哈佛大學取得了碩士和博士的學位，而最令人感到驚訝的是，他僅僅花了兩年就完成在哈佛的學業。

他的原動力就在於嚴格的時間管理。史金納以一週、一個月及一年為基準來制定計畫，並且嚴格地逐一執行。據說他在哈佛大學念書的兩年裡，未能按照預定計畫執行的時間只有15分鐘，這件事更成為校園中廣為流傳的佳話。

至於桑代克又是如何學習的呢？被稱為教育心理學之父的桑代克，每個週末都會制定計畫，而且不是單純地列出下週計畫，還會對上週計畫的執行成效進行自我評價。

他的原則是：「身為一名學者，每天必須將50%以上的時間用於學習和研究。」他在完成某些工作後，會如實記錄下來並且評估成效。正因如此，每天花4～5個小時學習的桑代克，才能成為教育心理學界中著述和論文產量最豐富的學者。

看到這裡你有什麼感想呢？是否覺得他們是貫徹學習理論的學者？他們的共同點就在「徹底執行時間管理」。藉由這兩位學者的實踐，我們可以得知，每個人一天都只有24個小時，而能否做好時間管理，會成為實現自我目標的成敗關鍵。

做好時間管理的策略

那麼要怎樣才能做到有效率的時間管理呢？第一，制定計畫要以一週為單位，而不是以一天為單位。用這種方式來規畫時間，才能用更廣闊的角度看待要做的事情，讓自己更有系統地制定計畫。如果以一個月或一年為單位，會因為範圍過於廣泛，反而難以制定出兼具精密與系統性的計畫。若是以一天為單位，時間又太短，一旦過度專注於細節，就無法看清整體目標的全貌。

以一週為單位來制定行程，能讓所有行程一目了然，執行計畫就會變得更容易。如果因故未能執行計畫時，也可利用剩餘時間加以調整，確保計畫能在時間內完成。此外，以一週為單位來制定計畫，也讓自己有餘裕站在整體目標的角度來評估目前的進度，這種自我查核可以更有效率地善用時間。

不過，計畫執行完畢的那個週末，最好能做一點與平日稍微不同的安排。因為按表操課一整週下來，心情肯定悶悶不樂，所以週末可以留一半的時間隨心所欲去做想做的事，剩下的時間再繼續學習。短暫的休息是為了走更長遠的路，週末的放鬆可以為下週的學習補充能量。

你可以利用這段休息時間去見喜歡的朋友、運動、購物或散步

等，這些平時因為沒時間而無法去做的事情。剩餘的時間就留給學習，把未能完成的課業好好做完，或是加強比較弱的科目。

我在前面也提過，學習最重要的是維持習慣，不能打亂學習的節奏，哪怕只有一天，也不能將學習拋到腦後。你可以按照行程做調整，在空檔中享受屬於自己的自由時光。

第二，做好時間管理的另一個關鍵是反饋。在制定下週計畫之前，務必先詳細查核上週的計畫。哪些部分確實完成、哪些地方尚有不足，每個項目都要仔細檢查並且自我檢討，然後在下週計畫做修正改善。在這個過程中，請詢問自己下列問題：

1. 在我能使用的時間中，學習的時間有多久？
2. 在整體的學習時間中，自行學習的時間占了多少？
3. 在整體的學習時間中，投資在重要科目上的時間有多久？

我們必須將70%以上的時間花在學習，其中三分之一以上的時間更要用在自主學習。如果每天有3～5個小時的自主學習時間，那麼只要持之以恆就能獲取相當巨大的成果。

上過補習班的同學應該都能感同身受，當你去補習班的時候，由於要忙著應付補習班或家教老師交代的作業，根本沒有時間自主學習。這種被動式的學習，雖然在短時間內似乎能讓你取得好

成績，但就長遠的角度來看，卻會讓人失去學習的動力。

　　我先前已多次強調，學習是一場馬拉松比賽，在這段漫長的歲月裡，如果只想依靠他人，是絕對無法跑完全程的。憑藉他人之力學習，一旦遇到困難就會因為挫折而放棄。如果你的學習時間裡，有一半以上的時間花在補習班或是接受家教輔導，那麼你應該鼓起勇氣果斷地刪減。

　　第三，整體時間的60%以上要投資在英文及數學等重要科目。如果沒在小學時期將英文和數學打下牢固的基礎，到了國、高中時期就很難維持優異的成績。因此，最好把重心放在重要科目，並且做好時間規畫，讓其他科目也能保持一定的水準。

在有限時間裡發揮奇效的時間管理法

知道時間管理的方法後，現在讓我們來談談具體的學習方法吧！每個人一天都只有24小時，大家擁有的時間是一樣的，但由於生活方式和環境不同，每個人適用的學習方法也不盡相同。

明明已經很努力讀書了，成績卻一點起色也沒有，你是否有過這樣的煩惱呢？想必很多人會點頭如搗蒜。之所以會造成這樣的結果，是因為盲目學習的關係。雖然每個人的時間都一樣，但你可以採取更有效率的學習方法。

首先，像國文、英文及數學等重要科目，一定要保持每天學習的習慣。這些科目不只在小學，到了國、高中階段同樣占據著非常重要的位置，所以每天至少要各花30分鐘在這些科目上，讓自己對這些科目維持一定的熟悉度。特別是在學習英文、法文或日文等外語時，更是不可或缺的習慣。

學習的過程中，你應該遇過難以攻克的科目，不管花多少功夫也無法提高成績，反而越來越不想念的情況吧？其實，想解決這個問題，最好的方法就是集中精神面對它。試想一下，當你在學習擅長的科目時，不但很容易集中精神，也總是能快速理解。所以，當你想讓不擅長的科目提升到一個水準時，應該把更多時間

投入在這些科目上。

　　每週最好多分配2～3個時段研讀不擅長的科目，而且每次要專心2個小時以上。當你投入大量的時間學習，就越容易正確地理解該科目的概念。雖然完全理解不代表能夠全面吸收，但若是因為時間緊迫而敷衍了事，那就永遠無法把它變成自己的東西。

[[Column]]

學習變有趣的瞬間 ④

聰明的學習計畫表

　　如果想徹底執行計畫，就要將制定好的計畫表貼在最顯眼的位置，這樣內心才會萌生堅定的意志。尤其是放假期間，時間比平時多，最好能做妥善的計畫表並如實執行，才不會浪費寶貴的時間。那麼，計畫表該怎麼制定才好呢？

　　關於假期計畫，要盡可能在放假前就規畫好，也就是說，學期結束前就要制定。因為一旦開始放假，漫無目的地度過一、二週之後，你就會習慣這種鬆散的生活，一不小心就虛度了整個假期。所以，應該在放假前一週就制定好計畫，並將這一週當作是執行前的暖身時間。

　　制定假期計畫，建議以較大的單位來規畫。不要以一天為單位，而是以一週為單位；不要以小時為單位，而是以時段為單位。

　　以週為單位制定計畫的好處，是可以讓人一眼就看清目標的方向。因此，建議以週為單位來規畫較大的目標，然後再詳細地安排計畫的細節。如此一來，才有助於執行，並且能清楚地知道自己每個時間點該做什麼。

　　以時段為單位制定計畫，是將一天分為上午、下午及晚上三個時段，再規畫每個時段要做的事。

假設你制定的計畫是「放假期間要將最弱的數學成績提高10分」，那麼上午你可以安排加強數學概念和寫一回評量；下午鍛鍊身體；晚上則是製作數學誤答筆記和讀書。之所以這樣規畫，是因為大部分的人在上午的專注力較高，所以安排專心學習數學。此外，具體填上每天要學習的進度，也是一種很好的方法。

　　不過，這裡有一點要特別注意，那就是盡量不要制定太詳細的計畫，例如以15分鐘為單位。為什麼呢？因為過於詳細的計畫會帶來很大的壓力，我們不是機器人，怎麼可能徹底執行這種一絲不苟的安排呢？因此，制定計畫時最好能從「一週」和「時段」等較大的單位開始安排，然後再從中做更具體的規畫。

功課好的學生如何提問

古希臘天才的學習祕訣

想必很多人都會感到好奇，學霸的學習方式究竟有何不同？他們一定有什麼獨到之處，才能保持遙遙領先的成績。你是否也想知道他們的祕密？其實，學霸都有一個共同點，就是深度思考。所謂的「深度思考」，是指他們會一邊提出問題，一邊尋找答案的意思。

在古希臘哲學家柏拉圖的著述中，可以窺探到蘇格拉底教導學生的方法。他所用的方式，就是提問和對話。藉由提出問題，引導學生思考出更有意義的想法，這是蘇格拉底最著名的教育法。這種方法不僅被古代貴族採用，現代的西方頂尖大學也廣泛地應

用，可說是一種效率極高的學習方法。

為什麼「提問」如此重要呢？因為當我們提出問題時，就可以明確地判斷哪些東西自己學會了，而哪些東西還沒學會。猶太人的教育方式也類似這樣，他們被稱為世界上最聰明的民族，有30%以上的諾貝爾獎獲獎者是猶太人，美國頂尖大學的猶太學生比例更超過了30%，人們對於他們的教育方法感到無比好奇：

「到底猶太人是如何教育下一代，才培養出如此絕頂聰明的孩子呢？」

用「哈柏露塔」加強思考的深度

猶太人教育法的核心是「提問」。這種方式也叫做「哈柏露塔」（Havruta），是指不論年齡、階級或性別的兩人結為夥伴，透過相互辯論尋找真理的方法。

猶太人經常在圖書館、教室或餐廳等任何地方互相提問和回答。孩子放學回家後，父母問的問題不是「你今天在學校學了什麼」，而是「你在學校問了什麼問題」。由此可見，「提問」在他們心中的重要性。

　　反觀韓國的狀況如何呢？我們以不愛發問的沉默學生而聞名。想必大家都曾有這樣的經歷，上課時老師詢問「有沒有問題」，結果班上沒有任何人舉手發問。其實這個問題不僅出現在兒童和青少年身上，就連大學生和上班族也一樣，當有人詢問「有沒有問題」時，我們早已習慣默不作聲。為什麼我們不敢勇於提問呢？

　　原因之一就是，我們無法判斷自己「會什麼」和「不會什麼」。提問的前提在於要了解自己不會的地方，這樣才能向別人提出問題。所以學習的時候，如果有不懂的地方，不要只說「我不會」就敷衍了事，而是要把不會以及想求教的地方明確地整理記錄下來，這才是最重要的關鍵。

　　雖然不清楚原因為何，但每當有人發問時，就會有人竊竊私語地說：「為什麼他那麼愛出風頭？」這使得有些人害怕自己遭受議論而閉上嘴巴。「自由地提問和回答」不符合韓國的上課風氣，大家對發問感到壓力是不爭的事實。這種時候，你可以選擇把不懂的地方寫在筆記本上，等下課後再找老師解惑，這也是一種好方法。

　　當你開始學會提出問題時，你會發現自己的思考深度開始改變。「提問的習慣」不只適用於學習，想了解世界上所有事情的好奇心，是打開創意和深入思考的鑰匙。

比預習更重要的複習技巧

把知識納為己物的複習法

你覺得預習和複習，哪個更重要呢？兩者都有其重要性，但非要二選一的話，我認為複習更重要。想把學過的知識徹底變成自己的東西，沒有其他方法比複習更有效。學習的時候，請盡量多花一些時間複習。

當我們聽完老師闡述的概念，那一刻會覺得自己好像聽懂了，但只要過了一週，你就會忘掉大約60%的內容，這種現象稱為「遺忘現象」。因此，向老師學了新內容以後，一定要加以複習，才能把所學變成自己的東西。

複習是有方法的，與其漫無目的地複習，有系統地複習才會得

到更好的成效。下面我們就來認識複習的方法，讓複習的效果最大化。

首先要注意的是，初次學習的時間與複習的時間不能相距太近。也就是說，學完新的知識後，要間隔一段時間再複習，這樣才能提高複習的效果。這種做法稱為「間隔效應」，利用這種技巧，在你逐漸忘記所學內容的時候開始複習，反而可以讓你加深記憶。

在此介紹一個相關的著名實驗。柏克萊加利福尼亞大學的心理學教授傑佛瑞·卡皮克（Jeffrey Karpicke）將孩子們分成兩組，每組都有8次的複習時間。他讓這些孩子們先一起學習，然後請第一組1天之內複習8次，第二組則是複習4天、每天複習2次，兩組的複習總次數都是8次。過了一週後進行記憶測試，你猜結果是如何呢？

1天複習8次的第一組只記得學習內容的30～40%，而4天複習8次的第二組則記得80%以上的內容。同樣複習了8次，兩個群組之間卻出現如此巨大的差異，原因就在於「集中學習」與「分散學習」所造成的差別。

大家應該都聽父母和老師說過「當天學到的東西要當天複習」，很多人心裡一定也是這麼認為的。當然，整理筆記或複習

當天學到的東西確實是正確的做法，但若是學完馬上複習，並且沒仔細查看內容，那麼這樣的複習是沒有成效的。

在此我想推薦的方法，是利用週末的時間，將這週學到的內容全面複習一次。每個人複習的方法各有不同，有人採用快速瀏覽的方式，有人則喜歡用解題的方式來複習。比較有效率的方法是後者，也就是像親臨試場一樣的「解題式複習法」。

採用解題的方式，能更深入了解「自己會什麼、不會什麼」，並且能以解題的評分作為基礎，檢驗自己在這週學到了什麼。這種方式比起只是閱讀整理好的筆記更有效率，記憶留在腦海的時間也會更久。

總而言之，與其被動學習，不如主動學習。不要光用眼睛去學習，而是要親自動手解題；不要只是依靠老師的教導，而是要主動複習，讓所學知識完全變成自己的東西。學習沒有捷徑，這就是世界上最讓人記憶深刻的學習方法。

[Column]

學習變有趣的瞬間 ⑤

效率筆記法

　　「擅長整理筆記的人，書才會讀得好」──也許有人不贊同這樣的觀點，不過這卻是事實，因為如果連筆記都做不好，之後要用筆記來學習就會變得困難重重。筆記整理得好，複習起來才能事半功倍。「把筆記做好」，就是獲得好成績的不二法門。

　　想做出好的筆記，就要養成預習的習慣。如果提前預習過內容，上課時就很容易理解老師的說明。寫筆記也會知道如何歸納整理，寫起來會更游刃有餘。

　　對做筆記感到棘手的人經常會犯一個錯誤，就是想把上課所聽到的內容一字不漏地寫下來，導致上課時比起聆聽和理解，他們反而把重心放在寫筆記上面。這種情況就是所謂的本末倒置。

　　筆記的核心在於「關鍵詞」，不需要把聽到的內容全寫下來，只要找出關鍵詞寫下即可。

　　接著再以關鍵詞為中心，添加一些相關內容。有需要的話，也可以和朋友交換筆記本，確認有無遺漏之處。如果有缺失，補齊筆記是一件很重要的事。當然，在互換筆記本之前，一定要先親自完成自己的筆記才行。什麼都不做，光是照抄他人寫的筆記，這對學習一點幫助也沒有。

做筆記的核心在於一邊思考、一邊整理，所以盡量獨自進行這項作業，完成後再與他人的筆記進行比較為佳。

　　另外，練習使用縮寫也是一種值得推薦的方法。例如「自我尊重感」等詞語可以縮寫成「自尊」二字，如此一來就能大大地節省整理筆記的時間，也比較不會因為忙著記錄而錯過重要的概念說明。

　　為了讓筆記看起來一目了然，維持乾淨的版面很重要，但若為此而花費大把時間去書寫和整理，反而會出現因小失大的狀況。只要好好地做筆記，以自己能看懂為原則就行了。

　　你應該遇過把筆記當成藝術品來創作的朋友吧？他們喜歡用五顏六色的原子筆做各種注釋，讓整個版面看起來充滿色彩。其實這麼做很花費時間和精力，真正需要認真聽講的重要內容反而如耳邊風吹拂而過，沒有留下任何痕跡。

　　重新整理筆記的時候，增加表格、圖表或圖片也是一種很好的方法。簡單的繪圖有助於加強記憶，製作表格和圖表則讓自己更有系統地整理腦袋裡的想法。

　　最後，製作筆記不是寫完就代表結束，一邊複習、一邊增添內容才是最重要的工作，這樣才能達到深度學習的目的。

　　若能採用正確的方法製作筆記，之後在準備考試時，比起參考書和教科書，你反而能從筆記中獲得更大的幫助。

有效提升成績的學習法

用33法則全面戰勝考試

有很多方法可以檢驗自己制定的學習計畫是否有成效，但考試成績依舊是其中不可或缺的重要指標。優異的考試成績不僅能增加自信，隨著年級越高，對於升學更有舉足輕重的影響，因此平時就要多加留意。讀到這裡，我們已經知道平時如何管理時間才能提升學習效率，那麼現在就來看看，考試期間該如何管理時間，才能讓自己的實力在考試時發揮到最大值。

考試期間的時間管理關鍵字是數字「3」。想必有很多同學都會煩惱，究竟要從何時開始準備考試？其實，最理想的狀態是從「3週」前開始準備，並建議以週為單位制定目標，在這段時間

內至少把考試內容重複看「3次」。

　　考試前3週請朝著「完全理解考試範圍」的方向前進，以教科書、筆記、評量及自修讀本為中心，目標是正確理解各科目的主要概念或整體內容。社會或科學等科目最好先理解內容，再以此為基礎做出重點整理，最後再找一些考試範圍內的簡單試題加以練習。

　　此外，考試期間一定要做的事情之一，就是完整收集考試相關的資訊。令人感到意外的是，很多人經常是因為未能正確掌握考試日期、考試時間表、科目、考試類型、範圍及出題者的基本資訊，而在考前自亂陣腳。若是能掌握這些細節，你就可以自信十足地參加考試，所以千萬不要疏於防範。

　　在考試前2週，則要集中精神解題。找到適合自己的題庫本，每一門科目至少要寫完一本為佳。解題時要全力以赴，趁這個機會檢視自己學會了什麼，以及還有哪些不理解的地方。

　　做完練習題後，一定要把錯誤的地方標示出來，重新確認一次。盡可能依照不同科目製作誤答筆記本，考試前再看一次，確保不會再犯相同的錯誤。另外，我也建議你將這3週以來所做的重點整理反覆閱讀，直至滾瓜爛熟為止。

　　到了考試前1週，就要整合學習內容，並開始著手寫綜合習題。此外，也要依照不同科目把教科書和筆記重新讀一遍，將這段時間以來的學習做個收尾。

　　這時，可以找一些「期中考或期末考模擬試題」這樣的綜合練習本來測驗，仔細地做最後的確認，是非常必要的工作。當然，你也可以依照自己的想法模擬一份考前猜題。最後，再次閱讀自己製作的各科誤答筆記，把做錯的題目再做一次，這樣就大功告成了。

　　如果能做到這種程度，就算是完美的考前準備了。但千萬不可掉以輕心，在考試前1週務必保留一段時間，鞏固已經學會的東西，並補足自己尚未釐清的部分，這樣才能做到滴水不漏。

實戰中立於不敗之地的10%法則

　　有些同學雖然做足了考前準備，實戰時卻因為時間管理不佳而

搞砸，讓這段時間的辛苦和努力付諸流水。因此，學會如何在考試時控管時間，是至關重要的一件事。

考試時請盡量遵守「10%法則」。假設整場考試的時間是60分鐘，那麼考試「開始時的6分鐘」，以及考試「結束前的6分鐘」，就是考試的戰略時間。

在考試開始後的10%時間之內，必須全面掌握這次考試的出題狀況，不但要迅速確認問題並思考解題方向，同時也要刺激腦中的記憶，讓考試能順利進行。

而考試結束前的最後10%時間，則要用來檢查試卷。務必確認是否有按照考題的要求回答、有沒有正確地填寫答案卡、符號，或單位是否書寫無誤、問答題有沒有錯別字，以及是否因為概念混淆而誤答等。此外，也要確認是否有明明會的題目，卻因為失誤而寫錯的狀況。

我們固然不是為了考試而學習，但考試卻是學習的必經之路。況且，如果沒有考試，我們就無法確認自己到底學會了多少。因此，要有技巧地準備考試，不要因為虛度光陰而耽誤學習。唯有如此，才能避免自己因為考試失利而黯然神傷。

首爾大學高材生的專心祕訣

創造提高學習品質的環境

「該怎麼做才能專心致志呢？」

這個問題是許多學生、老師和父母的煩惱，因為每個人能夠專心學習和工作的環境都不一樣。比爾・蓋茲（Bill Gates）說他在「整理得宜的環境」才能集中精神，所以他為了不讓自己受到外物的干擾，總是在整整齊齊的桌子上工作和學習。但據說阿爾伯特・愛因斯坦（Albert Einstein）的桌子總是處於亂七八糟的狀態，需要查看資料的時候，他才去把書找出來看。

有人喜歡乾淨整潔的辦公桌，有人則偏好雜亂無章的環境，而

兩者皆能創造出震驚世界的傲人成就。其實，重點不在於周遭環境是否乾淨，而是自己的內心是否感到舒適自在，因為每個人對安全感的定義都是不同的。

曾經有人以首爾大學的在校生為研究對象，探討他們在國、高中時期的學習經驗。調查結果顯示，有一半的人喜歡在自習室或圖書館等安靜的地方念書；另一半的人則偏好在咖啡廳或其他公共場所學習。

正如這項調查結果所示，由自己去選擇可以集中精神的場所才是重點。所以，你不妨好好思考一下：自己究竟是喜歡在人多的地方念書，還是傾向在獨立的個人空間裡學習？你在與他人競爭的氣氛中比較能集中精神，還是處於舒適且安穩的環境中更能專注？這些都值得你認真思考。

在創造學習環境的時候，還需要留意下列幾件事。無論你想營造出什麼樣的環境，身邊最好不要放置像是智慧型手機、電腦及漫畫等會妨礙學習的物品。一旦這些充滿誘惑的東西在旁邊，任誰都難以集中精神讀書。換言之，只要遠離這些妨礙元素，學習的專注力就能得到顯著的提升。在整理學習環境時，請盡量將這些物品排除在外。

另外，多打造幾個學習場所也是個好辦法。沒人規定非得在同

一個地方學習不可，而且長時間坐在同一個地方念書，只會讓人感到無聊和疲憊。這種時候就可以按照時段轉換場所，或是在專注力下降時移動到其他地方，這麼做反而有助於提高注意力。

　　如果已經準備好適合學習的環境，那麼就來了解一下，究竟要怎麼做才能集中精神學習呢？

　　最關鍵的是，學習時間要盡可能超過1小時以上，特別是比較不擅長的科目或主要科目。比起把時間切成30分鐘以下的小時段並分配給幾個科目，還不如一次投入大量的時間在某個科目上，確保完全理解概念更重要。因為唯有經過長時間的集中學習，才會產生綜合性的思考，進而掌握最核心的內容，能夠深入理解內容之間的相關性。

最有效的週末學習計畫

學習計畫必須包括休息在內

平日的專注狀態應該要持續到週末，所以每個週末要盡量留 2～3 小時，當作「備份學習」的時間。也就是說，平日若有未完成的學習，就能利用這段時間將進度補上。老實說，平日因為要上學或上補習班，還要完成各種作業的情況下，想確實執行計畫並非易事。此時，週末的備份學習時間就可派上用場，讓我們可以如期完成每週的計畫。

假如平日已經執行完所有計畫、沒有積累的工作，那麼週末做什麼好呢？你可以去做任何自己想做的事，好好享受休假即可。因為該週的學習進度已經完美達標，週末就當作是上天贈予你的

禮物吧！

「制定完善的計畫」、「徹底管理時間」、「打造能夠提高專注力的環境」以及「持續學習1小時以上」，這些是我們目前為止學到的提高專注力方法。但比起這些，還有一件更重要的事，就是好好休息。在心無旁騖的學習之際，也要安排適當的休息時間，才能發揮高強度的專注力，並且保持源源不絕的活力。

如果想要好好休息，首先要放鬆大腦。唯有讓因為學習而耗費精力的大腦得到休息，才能把所學的內容完整地儲存起來，也才能繼續接受新知識。因此，當大腦在休息時，千萬別再動腦筋。

不過，很多人會選擇在休息時間打電動、傳簡訊給朋友或是看YouTube；也有人嘴上說著要讓頭腦冷靜一下，卻放不下手裡的那本漫畫。這些都是讓我們大腦變得更疲憊的行為。特別是使用電腦或智慧型手機打電動或上網，都會給大腦帶來殘留的影響和刺激，反而會降低專注力。

比起上述那些活動，舒服地坐下來吃些零食，或者閉起眼睛聆聽音樂等不動腦的活動反而更好。簡單的運動也很不錯，像是散步或伸展運動不僅可以提高專注力，還能增強耐力。尤其學生族群經常因為長時間坐著不動或坐姿不正確而影響健康，簡單的運動就可以達到預防及改善的效果。

吃得好、睡得飽、專心讀書以及好好休息，這些就是成為讀書高手的最佳捷徑。

學習的三大助力

懂得善用身旁的人，讓學習速度日行千里

雖然學習是一個人的工作，但如果能積極地善用身旁人們的支援，就可以取得更好的成果。學習路上有三種強而有力的支援者，讓我們來逐一檢視，並看看該怎麼向他們尋求幫助。

第一，「老師」是學習路上不可或缺的最重要支持者。不只是學校老師，也包括補習班老師和家教在內。這些被我們叫做「老師」的人，都喜歡積極努力學習的學生，也總是想方設法地給予幫助。最重要的不是成績好壞，而是態度是否正確。因此無論何時，只要抱持著虛心求教的態度，老師一定願意對你傾囊相授。

想讓老師成為學習路上的支援者有兩種方法，第一是「視線交

會」。學校的課程基本上都是一位老師面對眾多學生，因此只要讓自己與老師的眼神產生交集，積極地與老師產生良好互動，你就可以成為老師關注的重點對象。

當積極聽課的你露出一臉茫然的表情時，老師就會把你聽不懂的部分重新講解一次；而如果你的眼神透露出完全理解的訊號，老師就會自動加快進度。這麼一來一往，師生之間的心理距離自然會縮小。只要你願意表現出端正且積極主動的求學態度，就能讓老師成為學習路上的最強支援者。

讓老師成為支援者的第二個方法是「提問」。如果不好意思在課堂上發問，你可以把不明白的地方先記下來，私下去辦公室詢問，也可以等下課後再去問老師。世界上所有的老師都喜歡會提問的學生，因為這種行為代表你對學習很感興趣，所以完全不必擔心「老師會不會覺得很麻煩」這種問題。

繼老師之後，能夠成為自己的最佳支援者就是一起學習的「朋友」。這裡的朋友並不是指「競爭對手」，而是能給予你幫助的人，也就是「助力者」。雖然競爭關係可以暫時提高成就感，但這不是真正的學習，只不過是為了成績而與他人較勁。如果學習的焦點只放在自己的成績是否進步、排名是否比對方更前面，想必你的心裡也會承受莫大的壓力。

　　結交能夠相互支持和激勵的朋友，在疲憊不堪時可以互相鼓勵和安慰，遠比與競爭對手較量更重要。這樣的朋友不僅能讓我們的學業更上一層樓，或許還可以成為相伴一生的益友。

使用參考書提升成績的四個原則

　　幫助學習的支援者當中，「參考書」也是功不可沒的幕後推手。現在沒使用參考書的學生已經極其稀少，而既然要用，就要把參考書的效用發揮到最大，才不會浪費金錢與時間。以下就來了解該如何使用參考書吧！

　　1. 從最簡單的參考書開始練習解題。
　　2. 先看概念整理的參考書，再做以模擬試題為主的參考書。
　　3. 避免解完一道題目就對答案的習慣。
　　4. 答錯的題目要徹底檢討。

　　選擇參考書的第一項原則是「先從最簡單的參考書下手」。一開始要先選擇對概念進行簡單說明的參考書，最好能在不需要他人協助下就可自行閱讀和理解的程度。靠自己就能理解並整理概念，無形中會產生自信，以後遇到困難的題目也能培養出思考和

解決的能力。

　這些基本的參考書都做完後，再選擇更進階的參考書。此時可以找一些以模擬考題為主軸的參考書，而且不需要從頭看起，可以跳過前面的概念整理，直接進行解題。因為先前已經看過以概念為主的參考書了，不需要再把時間花費在相同的地方。況且在解題的過程中，腦袋自然會把概念重新整理一次。

　解題完並打好分數後，應該以答錯的題目為出發點，去查明自己為何會寫錯，並且要重新瀏覽一下參考書上整理的概念。這樣才能更清楚地知道還有哪些地方需要補強，也有助於讓自己更積極地展開自我評價和刺激思考。

　如果你每次寫完一道題目，就忍不住想確認是否回答正確，那麼這種習慣可能要改掉。可以的話，請盡量把題目從頭到尾做完後，再一起核對答案，做統整性的評價會比較好。若每做完一道題目就想趕快對答案，很容易養成只想知道自己是否答對，卻忽略了思考過程的不良習慣。學習的時候要學會忍耐、等待以及享受思考的過程，答案是否正確反倒沒那麼重要。

　檢討時，請徹底把錯誤的題目重新確認，這點非常重要。如果不了解自己為何犯錯，下次就有很大的機率會犯相同的錯誤。因此，訂正時要明確地將答錯或混淆的題目標示出來。當然，答對

的題目也不能就此置之不理，還是要仔細閱讀答案的解說，盡可能掌握出題者的意圖。我們需要一個積極的思考過程，不管答錯或答對都要知其原由，並且對出題方向的依據能徹底了解。若能做到這種地步，你的思考力和邏輯力應該都會大幅提升。

然而，可能有不少人即使按照上述方式去執行也沒得到好成績，因而變得興致缺缺，連學習的熱情也被熄滅。這個時候，父母通常會想幫你請家教，或是勸你去上補習班。但不管家教或補習班等課外輔導，你都必須慎重考慮再做決定比較好。不能因為同學都有上補習班，自己沒去好像會跟不上，或是因為一個人念書很吃力之類的理由而接受課外輔導，這麼做只會讓自己承受更多的辛苦和壓力。我認為，某些科目只靠學校教育或參考書難以應付時，才需要考慮課外輔導。唯有當你自己感受到必要性時，接受課外輔導才能達到想要的效果。

如果你認為自己需要接受課外輔導，那麼應該先和父母商量，討論一下要請家教還是上補習班比較好？如果要去補習班，又該選擇什麼樣的補習班？不管評價多好的課外輔導，若是自己不念書，絕對無法看到成效。所以，即使接受了課外輔導，也要提前制定個人計畫，包括課前預習與課後複習都必須安排在內。

談到課外輔導，還有一件事必須留意，那就是千萬不要為了超

前學習而接受課外輔導！比起超前學習，完全以複習為主的課外輔導才是正確的選擇。想把學習的內容完美地變成自己的東西，就需要經歷複習這個階段，這樣學到的知識才能完全吸收。如果無視這個過程，盲目地超前學習，就只是把尚未理解的內容死記硬背，最後變成為了趕進度而學習。像這樣以超前學習為主的課外輔導，不僅沒有任何幫助，還會成為學習路上的絆腳石。

課外輔導的主要目的是鞏固學校所教的知識，如果真的有超前進度的必要，也不要超過一個學期的範圍。學習要符合自身程度，腳踏實地一步步往下走才能走得更遠，這點請銘記在心。

[Column]

學習變有趣的瞬間 ⑥

讓讀書效率加倍

「朋友會妨礙學習」這種説法已經過時了，能和朋友一起讀書反而可以提高學習效率。當然，這要借助一些方法才容易達到。

第一，利用「同儕教學法」。這是指學習者在幫助和教導其他學習者的過程中，達到自我學習的方法。簡單來説，就是一種「扮演老師的遊戲」。這種方法讓學習者可以共享學習成果，在學習的路上也能一路相伴、互相鼓勵。

舉例來説，朋友之間可以拿自己擅長的科目來教對方，這不僅能截長補短、助對方一臂之力，也可以讓自己的優勢得到強化。自己學會是一回事，把會的東西教給別人又是另一回事。將已知的知識藉由説明讓對方理解時，自己的知識也會得到加強與應用的機會。經過強化的知識，會在腦海裡根深蒂固，絕對不會輕易遺忘。

被教導的學習者同樣能夠得到幫助。不懂的地方可以輕易地開口詢問，如果聽不懂還能請對方多解釋幾次，直到理解為止，這讓學習的過程變得更有趣。無論是教導的一方或學習的一方都能互助互惠，可説是一種雙贏的學習方法。

如果遇到雙方都不懂的部分，可以先各自學習，等理解之後再

互相講解給對方聽，這也是一種很好的學習方法。在學習的過程中一定會遇到雙方都不懂的狀況，此時先各自消化一下內容，完全理解後再進行考前猜題；接著再把自己學到的內容教給對方，然後輪流回答各自準備的考前猜題。如此一來，這些內容就可以深刻地印在彼此的腦海中。

第二，建立共享目標的學習團體，也是一種很好的方法。當志同道合的朋友聚在一起分享彼此的目標時，想要實現目標的動機就會變得更強烈。看到他人為了達成目標而努力的模樣，自己也會受到刺激，進而更堅定地朝向目標邁進。

若有重要的考試，可以安排朋友們在三週前聚在一起，先各自制定自己的考試目標和執行計畫，再與夥伴們分享。接下來的時間，就可以盯著對方是否如實履行，也可以交換彼此的意見。感到疲累時，更可以互相鼓勵。

隨著年級越高，這種學習方法的成效就越好。但要謹記一點，若你和朋友們建立了一個學習團體，那麼與其聚在一起讀書，還不如平時各自讀，需要分享學習成果或意見時再相聚即可。可以找一個特定的日子定期聚會，在這天進行交流和給予建議，這麼一來才不會妨礙彼此的學習。不然這種團體可能會變成逃避學習的藉口，最後落得以聚會之名行玩樂之實的下場。

如何克服智慧型手機與網路成癮

你對智慧型手機上癮了嗎？

　　你覺得自己能「不被手機束縛」嗎？恐怕沒人敢信誓旦旦地給予肯定的回答吧！現在的年輕人只要手機離身就會感到不安，甚至無法過上正常的生活。政府調查證實了這一點，韓國性別平等和家庭部在2022年4月以全韓國127萬3020名青少年為研究對象，進行了「2022年網路暨智慧型手機使用習慣診斷調查」，結果顯示，韓國青少年對網路和智慧型手機的上癮程度非同小可。

　　根據結果，有18.5%的受訪者是高度成癮危險群。也就是說，每100名青少年中就有大約19名對網路或智慧型手機出現上癮症狀。而且這一年的人數還比前一年增加了大約3%；嚴重依賴網

路與智慧型手機的雙重上癮危險群也高達6.9%。

　　更嚴重的問題則是近三年以來，小學生的危險群數值明顯增加。小學四年級學生的增加幅度為8.3%，這個增幅甚至比國、高中生更顯著。

　　智慧型手機就像「毒蘋果」一樣，給我們帶來甜蜜的同時，也會引發諸多問題。你聽過「爆米花頭腦」（Popcorn Brain）嗎？意思是頭腦變得像爆米花一樣，只對快速且強烈的刺激有反應，對於人的感情或單調的日常生活變得麻木無感。有個研究小組透過磁振造影，拍攝每天使用網路10小時以上和未滿2小時的大學生，人數各為18名。從結果可以得知，每天使用網路10小時以上的大學生，他們腦中負責思考中樞的灰質範圍有縮小的跡象。這

是長期使用智慧型手機或社群網路等數位產品的結果，由於已經習慣得到即時反應，導致大腦對現實世界的感受遲鈍。爆米花大腦不僅會影響學生的成績，還會降低學生的思考能力和適應現實的能力，已經是不容小覷的嚴重問題。

隨著智慧型手機的普及，衍生的另一個重大問題是霸凌。霸凌並未止步於校園，而是延續到下課後的時間。在人人都有智慧型手機的時代，通訊軟體已經成為新的溝通方式，在韓國還出現了名為「Ka霸」的現象。

「Ka霸」是指透過Kakao Talk或Kakao Story等韓國網路社交平臺欺負或排擠朋友的行為。霸凌者不僅在Kakao Talk上辱罵或排擠班上同學，甚至會在全班同學的「群組聊天室」做出這樣的行為。這種事想必大家都略有所聞，或者說不定你就是曾經歷過這一切的當事人。

不僅如此，智慧型手機更是接觸不良訊息的管道，這一點也成了當今的社會問題。就連小學生也無法倖免，不當的資訊藉由智慧型手機滲入到他們的生活中。

說到這裡，想必大家已經很清楚智慧型手機對生活帶來的各種問題。請試著回想一下，你是否曾經因為在滑手機，而對向你問話的家人感到不耐煩呢？有時候比起和父母聊天，你是否覺得滑

手機讓人更輕鬆愉快？由此可知，手機不僅妨礙我們的學習，久而久之更成為破壞家庭和人際關係的頭號犯人。

聰明使用智慧型手機的方法

那要怎麼做才能預防智慧型手機成癮，聰明地使用它呢？在此我想介紹廣受眾人推薦的「SMART使用法」。

首先是「Safe」，使用智慧型手機要注意「安全」。手機使用過度不僅會造成視力受損，還會引發烏龜頸或腕隧道症候群等身體病變或疼痛，甚至會誘發精神上的問題，也會對身體造成不良影響，所以使用上務必注意安全。

第二個是「Mind」，指必須擁有控制智慧型手機的「心智」。前面曾提到，手機會讓人變成爆米花腦袋、降低道德判斷能力及引發學習障礙等，對我們的大腦和情緒會產生巨大影響，因此務必努力控制想要使用手機的欲望。

第三個是「Action」，也就是用「行動」來執行正確的智慧型手機使用方法。為了防止手機上癮，可以在陪伴家人、學習或睡覺時把手機關掉，或是放在別的房間。我們需要的是說到做到的行動力，應該把該做的事和對自己重要的事放在第一位。

一開始先從每天關閉智慧型手機20分鐘開始吧！習慣了以後，再把時間逐漸延長到30、40、50分鐘甚至1小時。可以安裝檢查手機使用量的應用程式，能更清楚地確認自己使用手機的程度，對於控制時間會有很大的幫助。另外，深夜不傳訊息、不要過度在意訊息是否回覆、關閉新訊息的通知功能，也是明智使用手機的執行方法。

再來是「Relation」，意思是要在實際生活中與他人建立「關係」，而不只是生活在網路世界。如果過度執迷於手機，很可能會誤以為網路世界就是人際關係的全部。實際上，網路上的關係只占了很小的一部分。希望你能明白，那些跟你談天說地、帶給你歡笑，以及給你真正安慰的家人、朋友和老師是多麼地珍貴和重要。

最後一個是「Turn」，是指擁有「回歸」的意志，讓自己回到沒手機也可以生活的世界，脫離手機成癮的症狀。即使你已經沉迷於手機、處於難以自拔的困境，你也要懂得向專家或家人求助，致力於回歸正常生活。擁有這樣的意志，你才能擺脫手機的束縛。

除了要小心手機成癮，也要注意網路成癮的現象。必須警惕網路成癮的原因，大致可分為三個面向。首先是沉迷網路會造成認

知功能惡化，大腦中負責記憶和思考的前額葉功能可能會下降。當我們上網的時間越長，就代表接觸多元化學習、戶外活動及各種體驗的機會越少，讓原本應該要提高的認知功能降低了。

第二個原因，是網路成癮會導致學習能力下降。它不只讓我們的短期記憶力變差，長期注意力和專注力也會受到影響。數理能力和記憶力一旦降低，就會弱化綜合思考的能力。

第三個原因，是網路成癮的副作用會導致心理問題。根據首爾大學醫院網路成癮診所的研究結果顯示，網路成癮的青少年大多會出現專注力不足、注意力不足過動症、憂鬱症、對立反抗症、妥瑞氏症（抽動綜合症的一種）以及邊緣型智能障礙等症狀。

當然，並非所有使用網路的人都會成癮，它是可以預防的。如果你能聰明地使用網路，反而可以讓生活變得更加自由自在。因此，為了避免生活被網路搞得一片混亂，要盡可能制定網路使用規則，以下方法供各位參考：

1. 把電腦放在家人共同分享的空間。
2. 與家人討論後，自行決定上網的時間。
3. 製作電腦使用日誌，記錄家中成員使用的時間與目的。
4. 增加與家人或朋友共度的時間。

5. 嘗試其他不需要用到網路或手機的興趣與活動。

　　雖然周遭有許多阻礙我們學習的東西，但也不能否認這些科技可以讓我們的生活更加愉快舒適。既然使用是不可避免的，不如就用最聰明和正確的方式，讓它的價值發揮到最大。至於它會不會成為障礙，就看每個人的選擇了。如果使用得宜，它會從障礙搖身一變成為你的最佳助手呢！

學習變有趣的瞬間 ⑦

如何擺脫低潮

　　如果可以一年365天都在學習的狀態，每天持續進步，那該有多好？這樣的人就算打著燈籠應該也找不到。有時候書念得很順利，思緒卻會在某個瞬間變得繁雜，導致理解力直線下降，讓人感到煩躁不已；有時候則是疲倦莫名找上門，讓人連動也不想動，這種時期就叫做「低潮期」。不僅是學生，就連上班族、藝人或運動員等，每個人都有遇到低潮期的時候。

　　如果陷入低潮，千萬別因為心情不好就什麼都不做，這樣是無法克服低潮的。所以，不論是運動或從事其他的興趣愛好，要盡可能去做一些能放鬆心情的事。另外，制定學習以外的目標也是個好方法，因為採取積極的行動就是擺脫低潮的最佳對策。

　　每個人都會經歷低潮，但不是有天賦異稟的人才能克服它，所以不需要擔心或害怕低潮的來臨。很多人會試圖透過各種方式克服低落感，有人選擇用運動來釋放負面情緒；有人一邊聽著悲傷的歌曲，一邊放聲大哭，讓累積在心裡的痛苦傾瀉而出；也有人會選擇來一場旅行，讓沉重的心情煥然一新。雖然方法各異，但大家都在努力尋找屬於自己的方法來度過低潮。

　　不過，在採取上述行動之前，最好先把原因找出來，了解自己

為何會陷入低潮，因為凡事都有理由。也許你是因為擔心學業成績不如預期、家庭關係不睦、害怕自己考不上理想學校，或是與朋友之間出了問題等。人之所以會陷入低潮必有原因，找出來才能解決問題，所以請務必仔細回想。此外，陷入低潮的時候，千萬不要和別人比較，像是：

「那位朋友那麼優秀，為何我會如此糟糕呢？」
「和那位朋友相比，我的意志是否太薄弱了？」
「難道我比那位朋友笨嗎？」

這樣的比較與自我貶低，只會把自己推向更深的低潮。我們真正需要的，是一個回想自身擁有多少價值的反思過程。

重新確認自己學習的理由、目標與當時下定決心的態度，也有助於克服低潮。每個人都有想要逃避學習的時候，此時不要勉強自己，先休息個1～2天，認真地思考自己為何要學習，以及想透過學習得到什麼。如此一來，才能再次找到學習的動力，並且讓意志變得更堅定。

實戰演練

建立以時段為單位的計畫表

以較大的時段為單位來制定計畫，有助於做好時間管理。制定假
期計畫也一樣，你可以將一天分為上午、下午及晚上三個時段，
然後安排一週的計畫。對了，你應該還記得在制定計畫前，要先
設定目標，對吧？

本週目標

本週的時段計畫表

	週一	週二	週三	週四	週五	週六	週日
上午							
下午							
晚上							

TIP

每個時段中,可以再用30分鐘或1小時為單位,做更詳細的規畫。

考前3週的時間管理策略

考前 3 週	
目標	理解內容
執行	① 收集考試資訊：考試日期、時間表、科目、類型及範圍 ② 以重要概念為中心進行重點整理

考前 2 週	
目標	考前解題
執行	① 做各科的考題題庫 ② 解題時要確認是否有尚未理解的內容 ③ 記下以重要概念為核心的重點整理

考前 1 週	
目標	綜合整理
執行	① 重看一次各科的教科書、重點整理和筆記 ② 以實戰應試為目標進行綜合模擬考 ③ 進行考前猜題或把錯誤的考題重新寫一遍

手機成癮自我診斷表

　　學習路上的最大障礙是什麼？答案就是智慧型手機！你是否也得了手機成癮症？可藉由下方的自我診斷表確認一下。若勾選4項以上就要小心，必須在症狀加劇之前提早預防！

是	否	
☐	☐	一睜開眼就先確認手機
☐	☐	手機不在身邊會感到不安
☐	☐	如果手機遺失，感覺就像與世界失去聯繫
☐	☐	一天使用手機 2 小時以上
☐	☐	無聊的時候第一個先找手機
☐	☐	上洗手間時會把手機帶進去
☐	☐	讀書的時候，一聽到手機的提示音就會立刻確認
☐	☐	直到睡前仍然持續使用手機

學習並非人生的目標

獨立學習

學習新事物絕對沒有害處！人生沒有白走的路，你學到的東西總有一天會派上用場。

暫時離開書桌動一動

有健康的身體才有健康的心靈

「學習」和「運動」是反比關係，還是正比關係呢？一般都認為學習和運動會成反比。也就是說，我們在主觀上認定不會念書的人往往擅長運動，或者擅長運動的人通常對學習不感興趣，所以成績大概也不怎麼樣。

但事實並非如此。成績名列前茅的學生之中，也有很多擅長運動的人。同樣地，以運動員為目標的同學，雖然必須投入大量的時間和精力在訓練上，因而沒有多餘的時間念書，但這不代表他們不擅長學習。其實運動對學習是有幫助的，能夠一邊念書一邊運動的人大多是身心健康的人。唯有身心健康才能鍛鍊出好體

力，進而在學習這場漫長的馬拉松比賽中取得最後的勝利。

從科學的角度來看，運動和學習的正比關係也得到了證實。美國伊利諾大學的心理學教授蘿拉·查多克－海曼（Laura Chaddock-Heyman）表示，多運動可以促進大腦活化，而大腦的活躍程度則與提升學習能力有強烈的相關性。

查多克－海曼教授以9～10歲的兒童為研究對象，發現當孩子們持續運動時，大腦中會產生更多的白質。白質的增生，意味著大腦內的訊息傳遞會變得更活躍。如此一來，就能促進大腦活化，注意力和專注力也會隨之提高。

另外，還有一個有趣的研究，哈佛大學精神科醫生約翰·雷蒂（John Ratey）追蹤在早自習時間持續活動身體的學生，並且調查他們在學業成就上的變化。結果顯示，他們的學業成績提高了20%以上。由於運動的關係，專注力提升了，同時還擁有足以應付長時間學習的耐力。

韓國保健福祉部自2013年來，以學生為對象進行了線上調查，從結果來看，也可得知運動對學業帶來很大的幫助。這個調查以7萬5000多名韓國學生為對象，將1週運動2次以上的學生和完全不運動的學生進行比較，結果顯示有運動的學生中，有34%獲得更好的成績，遠高於不運動的學生。

為何運動會對學習產生正面影響呢？因為它對安定心理帶來很大的幫助。不管是學校生活或讀書學習，都會讓人在不知不覺間承受著莫大的壓力。朋友關係、成績問題及生涯規畫等，各種煩心事都容易令人喘不過氣。心理上感到不安和疲倦的時候，適當的運動會有很大的幫助。當我們專注在運動中，暢快地流一場汗，消極的想法和壓力就會消失無蹤。

　　運動的好處不僅止於此。由於很多運動屬於團體活動，過程中必須和他人討論，可能會引發爭執又和好的情況，這讓人際關係和社會性有所提升與改善。如果能與他人建立良好的關係並產生自信，之後不管遇到什麼困難都能迎頭挑戰，進而鍛鍊出領導能力和包容性。

　　不過有一點必須注意，如果聽到了上述關於運動的好處而躍躍欲試，結果卻選擇了超出負荷且不適合自己的運動，那麼運動反而會成為一種毒藥。從事運動要慎選，務必挑選符合自身喜好和體力的運動。

　　只要不是過於危險或激烈，甚至會讓人產生嚴重疲勞感的運動，那麼運動絕對不會帶來害處的。不管是跳繩、跑步、跆拳道或者劍道都好，只要養成適合自己的運動習慣，並且持之以恆地做下去，都有益我們的身心健康。

不如現在就馬上關掉電視、放下手機，走到外頭去看看，你覺得如何呢？比起獨自運動，和大家一起玩會更開心，你可以找父母、兄弟姊妹或朋友一起運動。當你的運動神經越發達，不僅體力會越來越好，成績也會隨之提升，快來體驗這種魔法般的神奇過程吧！

除了學習，
世界上還有許多事值得探索

讓人生更加豐富精彩的東西

「沒上補習班或請家教的同學，請舉起手好嗎？」如果在班上這樣詢問學生，幾乎不會有人舉手。倘若真的有人舉手，大家反而會歪著頭，露出不敢置信的表情，對吧？

這種現象顯示出韓國大多數的學生都在上補習班，或是找家教輔導課業。眾人花了大把金錢在昂貴的課外輔導上，不僅為了補強較弱的科目，甚至還為了超前進度而學習。

但是有一種東西，它的教育效果比昂貴的課外輔導更好，你知道是什麼嗎？答案是「音美體活動」，即音樂、美術、體育的活動。我想一定很多人會反問：「光念書都沒時間了，哪有空搞這

些活動？」其實，這些興趣活動都能幫助我們穩定心情，為學習奠定成功的基礎，可說是非常優秀的學習輔助工具。

舉例來說，音樂對心靈的安定和放鬆有很好的效果。如果心情不安或過度興奮，我們就無法靜下心來學習。而音樂能讓躁動的心情平靜下來，打造專心學習的心理狀態。放眼望去，許多著名的科學家都擁有音樂天賦。以相對論聞名於世的科學家愛因斯坦，同時是一位小提琴演奏實力不輸專業音樂家的演奏者；提出量子力學的馬克斯·普朗克（Max Planck），更是一名兼具作曲與指揮管弦樂團實力的音樂愛好者。

此外，「音美體活動」對於提高專注力和自我尊重感也很有成效。根據某個研究結果，從事音美體相關社團活動的學生，對於學校生活有較高的滿意度。看到這裡，你應該也能推測出它對學習有卓越的成效吧？

關於兒童、青少年的自我尊重感和學業上的成就感，固然會受到家人和朋友的影響，但像這樣的興趣活動也占據了很大的因素。曾經有某家報社以全校第一名的學生為研究對象進行了相關調查，結果顯示18名學生之中，13名有從事興趣活動的習慣。

既然「音美體活動」對情緒和學業有如此正向的影響，那麼該怎麼近距離接觸它們呢？其實不一定非得花錢去上補習班，或是

購買昂貴的樂器、美術工具及運動器材，你可以先到住家附近的公立博物館、美術館、音樂廳欣賞展覽或聆聽演奏會，也可以去運動場觀看比賽。或許一開始你會因為感覺無聊而頻頻打瞌睡；或是想聽音樂會或看展覽，卻又擔心自己會因為不熟悉而無法理解內容。

但是，很少有人天生就懂得藝術，能一眼就窺視其中的奧妙。想擁有會欣賞藝術的耳朵和眼睛，往往要透過大量的訓練。只要花時間多聽多看，誰都可以培養出欣賞藝術的技巧與尋找優秀作品的眼光。即使一開始對這方面一無所知，只要親自接觸，你自然就會產生興趣，接著再進一步去閱讀相關書籍，或是在YouTube上找影片來看，久而久之，你就可以慢慢沉浸在藝術的饗宴中。

觀賞運動比賽也是同樣的道理。即使一開始連比賽人數都搞不清楚，但只要親臨現場觀看，就能直接感受到它的能量。在你體驗過攸關勝負的刺激感之後，就會想要進一步了解比賽規則；如果發現了喜歡的選手，對這個運動萌生喜愛之情，說不定還會想親自體驗。就像這樣，興趣是一步步培養出來的。前面已經詳細說過體育為學習帶來的好處，就算只是為了健康著想也沒關係，建議你一定要養成長期運動的習慣。

　　除此之外，生活中還有很多有趣的活動，像是繪製漫畫、下圍棋、製作香皂或香水以及種植花草等。網路上有很多公開分享的資訊，只要上網就可以跟著學習。若你願意下定決心，一定可以輕鬆創造屬於自己的興趣活動。

　　興趣活動能帶來快樂和安全感，不過它還有一項更重要的好處，就是在享受的過程中，你或許會發現自己隱藏的天賦，甚至決定未來發展的方向。不管是什麼活動，總要先嘗試才知道自己究竟有沒有天分。因此不要總是嚷著：「光念書就沒有時間了，我很忙！」而將自己與興趣活動劃清界線。希望你可以盡情地體驗各種活動，然後把時間投入到你覺得最有趣的活動中。

　　在這裡我可以明確地告訴你，學習新事物對你絕對沒有害處！人生沒有白走的路，你學到的東西總有一天一定會派上用場。

靠閱讀成為知識富翁

培養解決問題能力

老實說，我不喜歡聽到父母和老師動不動就把「要讀書、要讀書」掛在嘴邊。尤其韓國教育是以考試定生死，有些人甚至會認為「不會讀書的人就是沒用的人」。身為一名學生，重視學習和成績是理所當然的事，但學習和成績並不是世界上唯一有價值的東西。只會念書的人，長大後並不一定會成為一名優秀的人才。如果只知道死讀書，反而更容易成為一個自私自利的人。

請你想想看，為什麼要學習？你是為了成為什麼樣的人而努力讀書呢？那些優秀又備受尊敬的人都是什麼樣的人？學習不局限於背誦數學公式和英文單字，走出自己所處的環境，認識形形色

色的人、體驗各式各樣的事情,進而累積知識並且獲得智慧也是一種必要的學習。唯有累積豐富的經驗,才能成為一名懂得理解和關懷他人的人;也才能成為一個無論遇到什麼困難,都能自行解決並戰勝它的人。

不過,我們無法天天去旅行或觀摩,此時最好的方法就是讀書。我們可以透過閱讀,間接體驗那些從未經歷過的事情,並且涵養、累積自己的品格與知識。因此,人類自古以來就很重視讀書教育,例如朝鮮時代的名門世家都有家傳的讀書教育法,子女都接受過完整的教育。書香文化既能彰顯名門固有的家風,也呈現出他們維護傳統和高尚品德的標準。因此說到名門望族,總會令人立即聯想到飽讀詩書的文人形象。

如今的人們又是如何呢?目前韓國的國民平均閱讀率呈現逐年下降的趨勢。雖然大家都知道讀書的重要性,卻由於科技發達,即使不看書也可以透過手機或電腦輕鬆獲得想要的資訊。再加上時時刻刻從各種媒體上收到的巨量資訊,讓我們忽略了讀書的必要性。孩子們的閱讀理解能力(閱讀文章的能力)下降、實際文盲率(雖然識字,卻無法正確理解和把握文章含義的能力)上升等令人憂心的現象,都是閱讀量太少而導致的結果。

世界上最簡單的讀書方法

　　那麼有沒有什麼特別的方法，能讓我們每天至少讀一點書呢？很遺憾，世界上並沒有這種方法，我們只能腳踏實地，每天一點一滴地閱讀。不要一開始就想著要把一本書讀完，先制定每天只讀5頁的小計畫。與其選擇艱澀的書籍，先從簡單有趣的書著手會更好。若想要減輕負擔，也可善用上廁所或睡前的零碎時間開始閱讀。

　　不過，一旦你開始後，每天都不能間斷。據說朝鮮時代的儒學思想家李滉，也教導子女們每天都要堅持讀書，汲取新知識。只要抱持著「我一定要讀完這本書」的想法，每天堅持讀幾頁，不知不覺間就能讀完一本書。讀完後，你的內心會產生成就感和自信，甚至萌生「咦？好像比想像中有趣」的念頭。

　　儘管如此，每次勸別人多多閱讀時，總會聽到這種不知所措的苦惱：

　　「我不知道該選什麼樣的書才好。」

　　這是情有可原的，因為選書也需要經驗，經常看書的人通常比較會挑書。若你是剛接觸閱讀的初學者，不知道該怎麼選書也是

理所當然的。不過，別把這件事想得太困難，選書最重要的標準是「自己想讀的書」。比起暢銷書或身旁人們推薦的書，你可以先瀏覽一下故事概要或作者介紹等基本資訊，再選擇自己感興趣的書籍。

選好想閱讀的書以後，就可以在書本的第一頁寫下選擇這本書的理由和期待，這是一種可以讓閱讀變得愉快且有趣的方法。很多書給人的第一印象和看完後的感受是完全不同的，如果你能對這種差異寫下感想並且養成習慣，那麼不僅能增進閱讀能力，還可以鍛鍊寫作功力。

閱讀的時候，在重要的句子底下劃線，或是寫下自己的想法也是一種很好的習慣。撰寫《洪吉童傳》的朝鮮時代文人許筠，據

說在家中也教育兒子「要追求擁有個人特色的閱讀和寫作」。也就是說，不僅是透過讀書學習知識，他還鼓勵孩子以自己的方式接受知識和資訊，使其成為自己的東西。當我們在令人印象深刻的句子劃下底線，或是在空白處寫下自己的感觸時，各種創意就會從腦中油然而生。

和家人或朋友一起聊聊讀過的書，也是一種培養思考能力、理解力和邏輯力的絕佳方法。看完一本書之後，別只是鬆一口氣想著：「哇，終於把這本書看完了！」關於讀完這本書後你感受到了什麼、這本書想告訴我們什麼、對於書中的內容你是否有不贊成或不滿意的地方，以及最感人的是哪一個部分等等，藉由與各行各業的親友對話、分享，你能發現自己對世界的看法變得更加寬廣和深刻。

前文曾經提過，猶太人重視「哈柏露塔」教育法也是基於這個原理。透過兩人一組針對某個主題互相提問與辯論的方式，可以開發具備創意性、口語表達、社會性及不斷思考的綜合能力。

請你想一想，人生在世究竟能遇到多少人？又能去到多少個國家旅行呢？無論如何，都有來自現實的限制。但是在書本的世界裡，我們不僅可以暢遊非洲，甚至連太空旅行也不成問題；可以認識成千上萬的人，聆聽他們的故事，甚至能看到鬼魂和外星

人。是不是覺得既興奮又好玩呢？所有自己未曾經歷過的事物，
都可以藉由書本一探究竟。書裡不是只有沉重的知識與資訊，還
有許多新奇有趣的東西，而這一切都能納為己有。想到這裡，你
是否已經迫不及待要翻開書本了呢？

學習帶來的強大力量

善良的力量

　　最近人們好像不把「善良」當作一種讚美之詞了。善良，是一種很棒的特質，它代表謙遜有禮、懂得尊重他人、待人處事和藹可親，這些全都包含在「善良」這個詞彙中。社會風氣逐漸改變的今日，善良之於個人與企業的必要性，反倒變得日益重要。

　　無論畢業於什麼名門大學，或是擁有數之不盡的財富和名譽，如果人品不佳，依然會成為眾人避之唯恐不及的對象。企業也一樣，近來企業一旦出現負面新聞，消費者就會進行抵制，要求承認錯誤或出面道歉。相反地，對於一直以來都貫徹正直信念、秉持良心製造產品的企業，人們不僅會表達極力支持的態度，也會

付諸行動多加購買他們的產品。

現在很多大企業都注重「社會責任」，強調要將企業所得的利益返還社會，像是捐贈給環境保護團體或弱勢群體等。這麼做的主要原因是為了提升企業的形象和價值，但也代表當代人越來越重視「德性」。

德性必須透過教育來學習和培養，但在考試至上的韓國，想要做好德性教育確實不容易。因為就現實面來看，成績已被視為最高價值，甚至很多人認為成績比德性更重要。

不過，還是要好好思考一下，我們學習的理由是什麼？只為了讓自己過上更好的生活嗎？還是為了考上好大學或找到好工作？想必很多人是為了這些原因而努力讀書。然而，學習的最終目的應該是「為了做一個頂天立地的人」。

當我們看到人們犯下滔天大罪或做出不道德行為的時候，往往會指責他們「不是人」。那麼，「人」應該是什麼樣子？必須是懂得照顧別人、會伸出援手幫助身處困境的人、不會傷害他人，以及心裡的愛多於憎恨嗎？如果書讀得越多，卻成為更自私、更暴力且任性妄為的人，那麼書都是白讀了，只是在浪費教育的機會而已。

擁有謙虛、寬容及溫暖特質的人，身邊總會出現許多願意跟隨

他或幫助他的人。即使遇到困難，也經常在眾人的協助下輕鬆度過危機，甚至獲取更好的機會。

出社會後你會發現，人際關係的好壞是立足於社會的關鍵。你想和人們建立什麼樣的關係，以及如何維持良好的關係，都是非常重要的事情。沒人會喜歡自視甚高、目中無人且囂張跋扈的人。因此，做人要善良才會成功。

品學兼優才能發揮影響力

許多全球知名人士都樂於與人分享，這是因為他們經歷過苦難才獲得了成功，因此更明白小小的善意和幫助能帶來多麼偉大的回報，因此更加樂善好施。據說身為世界首富的比爾‧蓋茲每年的捐款高達2兆8千億韓元；臉書創辦人馬克‧祖克柏（Mark Zuckerberg）每年捐款近1兆韓元。聽起來真是一筆天文數字，對吧？當然，部分原因是他們富可敵國才能出手大方，但想要幫助他人，並不是只有捐錢這個做法。

你是否聽過「才能捐贈」？意思是將自己擁有的才能分享給他人。假如自己擅長繪畫，那麼可以教那些因為家境困難而無法學畫的孩子畫圖，或者是用唱歌、跳舞或學習等自己擅長的事情去

幫助別人，這就是所謂的才能捐贈。另外，有時候也可以透過志工活動去幫助有需要的人。

人是無法靠自己生存下來的。因此從出生的那一刻起，我們就開始和各式各樣的人建立關係，而且隨著成長，人際關係還會變得越來越複雜，這也是人類之所以被稱為「社會型動物」的原因。除非你打算獨自在無人島生活，否則你就必須明白「分享」和「施捨」的價值。明白這個道理的人，在社會上才會得到他人的尊敬和尊重。

不只是追求數學和英語考100分，善心與品德也要滿分，才算是真正的模範生。重視學習成果的同時，也要思考學習的意義。最重要的是，請別忘記，懂得實踐才是真正優秀的人。

學習變有趣的瞬間 ⑧

最容易上手的學習小祕訣

除了透過運動來增強體力，攝取營養豐富的優質食物，對學生而言也非常重要。想必大家都聽過「多吃堅果類或魚類有助於大腦發育」的説法。成長時期攝取有益大腦發育的食物很重要，但更重要的是必須按時吃飯。很多學生因為睡過頭或早上沒胃口，沒吃早餐就直接去上學，這種習慣其實會妨礙學習能力。

早餐攝取富含纖維和碳水化合物的食物可以減少疲勞，吃大豆或優酪乳等能量豐富的食物則有助於提高記憶力。也就是説，比起沒吃早餐的學生，有吃早餐的學生不僅專注力更好，還會提高學習成效。所以，即使覺得累或嫌麻煩，你也一定要吃早餐。為了讓自己每天都能精神飽滿和體力充沛，從現在開始就養成吃早餐的習慣，你覺得如何呢？

應該有很多同學因為食物的問題被父母嘮叨，他們總是説著：吃這個對身體不好、這個是垃圾食物、吃太多會蛀牙或發胖等等。我們都知道這些話有道理，可是卻很難遵守。假如你很喜歡吃巧克力或冰淇淋，父母卻一口都不讓你吃，想必你內心會承受著莫大的壓力。

雖然那些食品對健康無益，但要把心愛的食物一口氣戒掉卻是

一件難事。既然如此，不如改用減少攝取次數和數量的方法。因為吃不到喜歡的東西而心情鬱悶，這種情況我感同身受，所以我認為採取循序漸進的方法比較合適。

此外，盡可能不要一個人吃飯，或者只花 5 分鐘就狼吞虎嚥解決一餐。可以的話，和家人齊聚一堂，一邊聊天一邊吃飯是最好的選擇。在凡事紛擾的社會裡，每個人的生活都不容易，所以我誠心建議，不管再怎麼忙，至少要和家人一起吃頓晚飯。

據說美國的名門世家，像是甘迺迪家族就有這種傳統 —— 無論發生任何事，全家都要一起吃晚餐。猶太人也有週五晚上所有家庭成員聚在一起吃飯的傳統。像這樣聚在一起吃飯，對於維持心理健康其實有很大的幫助。

和家人相聚，一邊聊天一邊悠閒地吃飯，心情自然會變得安定，精神上也能非常放鬆。我們並不是因為飢餓才吃飯，而是因為吃飯能夠提供身心穩定所需的營養元素。唯有滿足身心靈的需求，才能打造出足以應付學習、運動和玩樂的強健體力。

培養閱讀能力的讀書方法

讀完一本書之後，可以藉由寫作和討論等活動，進一步擴展自己的讀書經驗。不要每次看完書就鬆一口氣，只想大喊：「終於看完了！」你可以針對下列問題進行回答，感受一下思維變得更寬廣的過程。

我讀的是一本什麼樣的書？

在這本書裡，讓我印象最深刻的句子是什麼？

讀完這本書之後，我的想法有什麼變化？

作者是以什麼樣的想法寫下這本書？

讀完這本書後獲得的東西，能運用在我的生活中嗎？

尋找榜樣

許多人為這個世界帶來了善良的影響力，這之中有沒有特別讓你印象深刻或帶給你靈感的人？讓我們具體地想一想，那個人的優秀之處在哪裡？讓他成為你人生的榜樣吧！

帶給我靈感的人是誰？

他們有什麼特別之處？

他們的價值觀，對這世界產生什麼樣的善良影響力？

我的優點是什麼？

我想為這世界帶來什麼樣的善良影響力？

高效
學習
memo

國家圖書館出版品預行編目資料

頂尖學生都是這樣讀書的！首爾大名師親授高效超強學習法；提問思考X時間管理X複習策略，給中小學生的第一本學習攻略／申宗昊著；陳曉菁譯.-- 初版. --
臺北市：日月文化出版股份有限公司，2024.03
192面；14.7 x 21公分. --（高EQ父母；98）
譯自：이런 공부법은 처음이야 : 내 인생 최고의 공부는 오늘부터 시작된다
ISBN 978-626-7405-30-7（平裝）

1. 學習方法 2. 學習策略

521.1   112022946

高EQ父母 98

頂尖學生都是這樣讀書的！
首爾大名師親授高效超強學習法

提問思考×時間管理×複習策略，給中小學生的第一本學習攻略
이런 공부법은 처음이야 : 내 인생 최고의 공부는 오늘부터 시작된다

作　　者：申宗昊（신종호）
譯　　者：陳曉菁
主　　編：藍雅萍
校　　對：藍雅萍、張靖荷
封面設計：李曉彤
美術設計：林佩樺

發 行 人：洪祺祥
副總經理：洪偉傑
副總編輯：謝美玲
法律顧問：建大法律事務所
財務顧問：高威會計師事務所
出　　版：日月文化出版股份有限公司
製　　作：大好書屋
地　　址：台北市信義路三段151號8樓
電　　話：（02）2708-5509　傳　　真：（02）2708-6157
客服信箱：service@heliopolis.com.tw
網　　址：www.heliopolis.com.tw
郵撥帳號：19716071 日月文化出版股份有限公司

總 經 銷：聯合發行股份有限公司
電　　話：（02）2917-8022　傳　　真：（02）2915-7212
印　　刷：禾耕彩色印刷事業股份有限公司
初　　版：2024年03月
定　　價：360元
I S B N：978-626-7405-30-7

日月文化集團
HELIOPOLIS
CULTURE GROUP

感謝您購買 頂尖學生都是這樣讀書的！首爾大名師親授高效超強學習法

為提供完整服務與快速資訊，請詳細填寫以下資料，傳真至02-2708-6157或免貼郵票寄回，我們將不定期提供您最新資訊及最新優惠。

1. 姓名：_____ 性別：□男 □女

2. 生日：_____年_____月_____日 職業：

3. 電話：（請務必填寫一種聯絡方式）

  （日）_____（夜）_____（手機）_____

4. 地址：□□□_____

5. 電子信箱：_____

6. 您從何處購買此書？□_____縣/市_____書店/量販超商

  □_____網路書店 □書展 □郵購 □其他

7. 您何時購買此書？ 年 月 日

8. 您購買此書的原因：（可複選）

  □對書的主題有興趣 □作者 □出版社 □工作所需 □生活所需

  □資訊豐富 □價格合理（若不合理，您覺得合理價格應為_____）

  □封面/版面編排 □其他_____

9. 您從何處得知這本書的消息： □書店 □網路／電子報 □量販超商 □報紙

  □雜誌 □廣播 □電視 □他人推薦 □其他

10. 您對本書的評價：（1.非常滿意 2.滿意 3.普通 4.不滿意 5.非常不滿意）

  書名_____ 內容_____ 封面設計_____ 版面編排_____ 文/譯筆_____

11. 您通常以何種方式購書？□書店 □網路 □傳真訂購 □郵政劃撥 □其他

12. 您最喜歡在何處買書？

  □_____縣/市_____書店/量販超商 □網路書店

13. 您希望我們未來出版何種主題的書？_____

14. 您認為本書還須改進的地方？提供我們的建議？

_____

_____

_____

_____

日月文化集團 讀者服務部 收

10658 台北市信義路三段151號8樓

對折黏貼後，即可直接郵寄

日月文化網址：**www.heliopolis.com.tw**

最新消息、活動，請參考 FB 粉絲團

大量訂購，另有折扣優惠，請洽客服中心（詳見本頁上方所示連絡方式）。

大好書屋

寶鼎出版

山岳文化

EZ TALK

EZ Japan

EZ Korea

大好書屋・寶鼎出版・山岳文化・洪圖出版　EZ叢書館　EZ Korea　EZ TALK　EZ Japan

生命，
　因家庭而大好！